古希腊，原来这么有趣

[日] 藤村Sisin — 著
杨晓钟 魏海燕 — 译

陕西新华出版传媒集团
陕西人民出版社

未来~现代~古代~神话时代希腊年表

古希腊人想象中的未来

世界以及人类的本质将逐渐劣化，善与恶之间的界限将逐渐消失。失去了道德底线人类将逐步走向灭亡。

时期	年代	事件	说明
现代	2020 年	东京奥运会	来自希腊奥林匹亚圣域的圣火传递至东京
	2009 年	希腊经济危机	
	2004 年	雅典奥运会举行	
	1987 年	『黑色雅典娜』争论爆发	关于女神雅典娜本是黑人并非白人的大争论
	1974 年	废除君主制，希腊共和国成立	
	1934 年	大英博物馆爆发丑闻	为营造『纯白色希腊』的印象，用钢丝球强行将帕台农神庙浮雕漂白
近代	1832 年	『希腊王国』诞生	众多『非希腊』物品在雅典遭到破坏
	1821 年	希腊独立战争爆发	
	18 世纪	西方迎来希腊热潮	

进入古代

古希腊文明繁盛时期

希腊深受东方文明影响的时代，以就算濒死也要保持浅笑的『古希腊式微笑』雕塑作品闻名。

时期	年代	事件	意义
近世纪	1687 年	威尼斯人炸毁帕台农神庙	象征西方璀璨文明的帕台农神庙，惨遭西方人破坏
中世纪	希腊史上空白的一千年		此后千年无人自称『希腊人』
罗马时期	393 年	废除古代奥林匹克	古希腊众神崇拜终结
	212 年	安东尼努斯敕令	希腊人开始以罗马人自称
希腊文明时期	公元前 334 年	亚历山大大帝东侵	
	公元前 431 年	伯罗奔尼撒战争爆发	以雅典为首的提洛同盟VS以斯巴达为首的伯罗奔尼撒同盟
古典时期	公元前 447 年	帕特农神庙建成	
	公元前 490 年	希波战争爆发	希腊战胜波斯帝国
古风时期	约公元前 8 世纪	叙事诗《伊利亚特》《奥德赛》问世	荷马撰写以特洛伊战争为背景的著作

史实历史事件

约公元前1200年
文明的崩塌

约公元前1300年
迈锡尼时代

被坚实城墙禁锢的战乱时代。

约公元前1450年
米诺斯文明瓦解

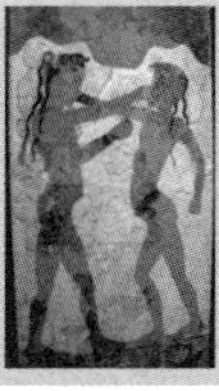

米诺斯文明是极尽华丽、开放的文明。

历史时代与神话时代的分界线并不明显

神话时代

公元前 776 年	最早的古代奥林匹克竞技举行	自此拉开了古希腊历史的序幕
公元前 1150 年	暗黑时代的开始	没有文字资料的混乱时代
约公元前 1250 年	特洛伊战争	希腊与特洛伊之间的战争。希腊神话时代最后的战役
约公元前 1300 年	英雄赫拉克勒斯的冒险之旅	赫拉克勒斯是希腊神话中最伟大的英雄
约公元前 1400 年	酒神狄俄尼索斯诞生	狄俄尼索斯为奥林匹斯十二神中最年轻的一位
约公元前 1450 年	洪水毁灭世界	主神宙斯用洪水毁灭人类
白银时代	提坦之战	宙斯神推翻父亲克洛诺斯，成为最高神
黄金时代	农耕之神克洛诺斯统治	人类最为幸福的时代
	乌拉诺斯神势力衰落	克洛诺斯推翻父亲乌拉诺斯，成为最高神
	天空之神乌拉诺斯统治	
宇宙诞生	从混沌虚空到宇宙产生	

奥林匹斯十二主神相关图

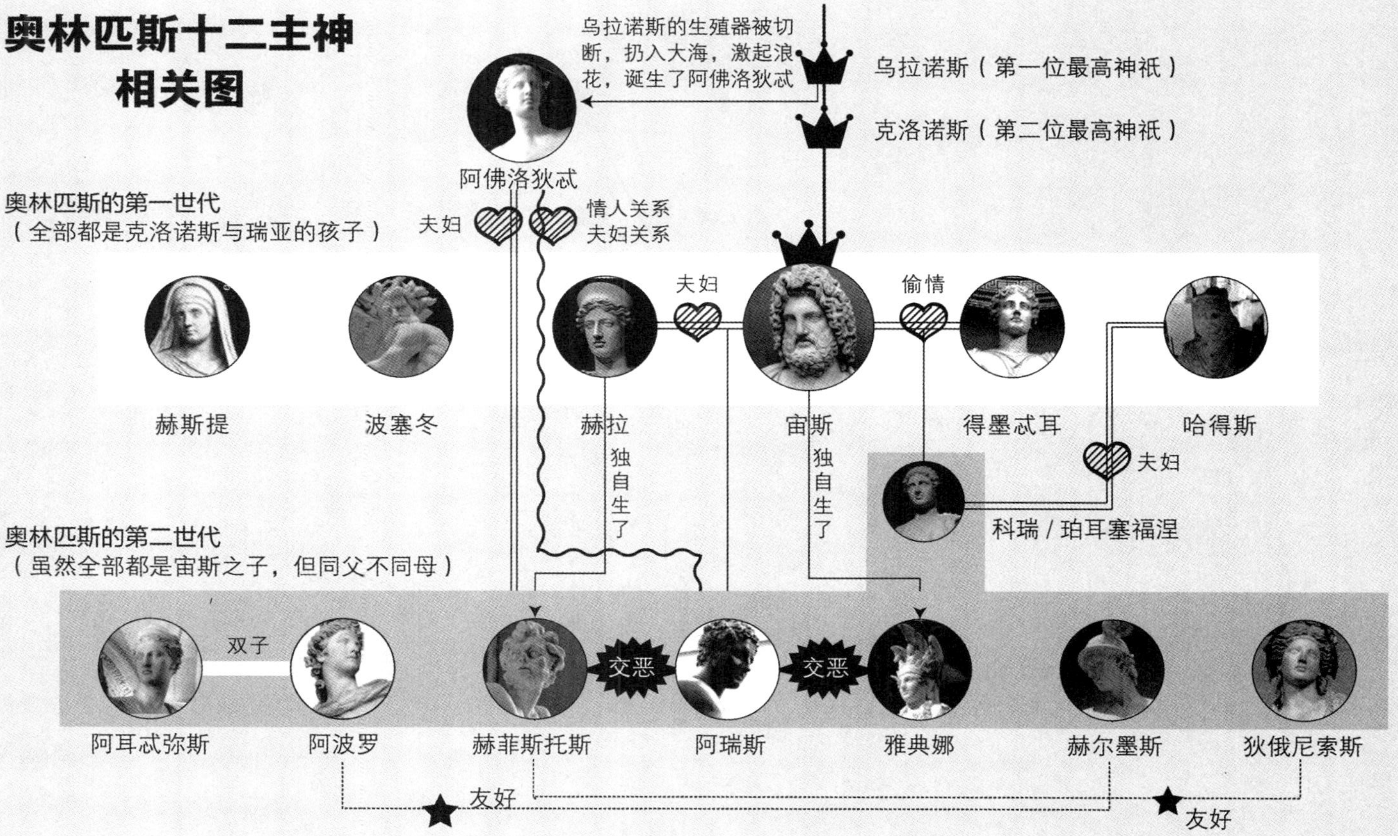

目录

Contents

引言 _ 001

第一章 / 复原“古希腊”

第一节 / 被“漂白”的希腊

一、是谁在何时将希腊“漂白”？ _ 006

二、惨遭“漂白”的重大历史问题 _ 010

专栏 1　古希腊人的色彩世界——

“绿色”为何是血与泪的颜色 _ 012

第二节 / 跨越希腊历史的千年空白

一、为何没有“中世纪希腊人”？ _ 014

二、不存在的“古希腊” _ 016

三、为何古希腊语中没有“大海”一词 _ 019

专栏 2　帕特农神庙七大奇迹——

从“百步殿”到瓦砾中的清真寺 _ 021

第二章 / 希腊神话的世界

第一节 / 希腊神话写实

一、曾能置人于死地的神话 _ 028

二、神缘何会残害人类 _ 030

第二节 / 奥林匹斯十二主神及其履历书

众神的履历书 _ 032

一、太阳神阿波罗 _ 036

阿波罗——因 NASA 的误解而被送去宇宙的神 _ 041

光之神缘何亦为瘟疫之神 _ 042

阿波罗缘何厌恶希腊 _ 043

惨遭“漂白”的神话 _ 044

专栏 3 阿波罗神谕之名（谜）问答集 _ 048

二、众神之王宙斯 _ 052

宙斯缘何出轨 _ 056

为何最高天神会是宙斯 _ 058

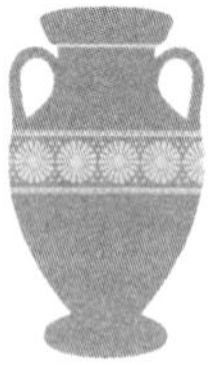

三、天后赫拉 _ 060
永不向宙斯屈服的赫拉 _ 064
宙斯与赫拉的浪漫爱情神话 _ 066
四、海神波塞冬 _ 068
波塞冬的暴虐神话 _ 072
神也要随行就市 _ 073
专栏 4 古希腊的地震预测及抗震技术 _ 075
五、智慧女神雅典娜 _ 078
上得了战场，当得了织女，甚至会炼油的万能女神 _ 082
究竟哪座城市最得女神雅典娜的宠爱 _ 083
专栏 5 浮雕中出现的人物为何具有选择性 _ 085
六、火神赫菲斯托斯 _ 086
赫菲斯托斯的悲惨境遇 _ 090
凭实力扭转局面的神 _ 092
七、战神阿瑞斯 _ 094
惹是生非、令人厌恶的破坏之神 _ 098
竟然是希腊神话中最“出人头地”的一个 _ 099

专栏 6　为何希腊众神进入罗马时代均要改名换姓 _ 101

八、爱神阿佛洛狄忒 _ 102

若能与她共浴爱河，做什么都愿意！ _ 106

深受众人喜爱的跨时代爱神 _ 107

专栏 7　爱神的恋爱故事 _ 109

九、月亮女神阿耳忒弥斯 _ 112

阿耳忒弥斯的十个愿望 _ 116

阿耳忒弥斯的大冒险 _ 118

阿耳忒弥斯的光芒真比阿波罗微弱吗？ _ 119

十、传令神赫尔墨斯 _ 122

真实 VS 欺诈、睿智 VS 狡黠 _ 126

传令神为何亦是偷盗之神？ _ 131

十一、农耕女神得墨忒耳 _ 134

得墨忒耳能置神于死地？ _ 138

得墨忒耳罢工记 _ 138

十二、冥王之妻珀耳塞福涅 _ 142

火山喷发引来的爱情故事 _ 146

"寸草不生"究竟是春还是夏? _ 150
十三、冥王哈得斯 _ 152
只有一座神庙的冥王 _ 157
恶人哈得斯? _ 158
十四、灶神赫斯提 _ 160
一切都要从赫斯提开始 _ 164
所有的赫斯提圣火熄灭之时 _ 165
十五、酒神狄俄尼索斯 _ 168
最难描述的狄俄尼索斯 _ 172
温柔又可怕的疯癫酒神 _ 172
谁站在世界的中心? _ 175

第三节 / 众神终焉后的世界 _ 178
永不褪色的希腊诸神 _ 178

第三章 / 古希腊人的内心世界

第一节 / 劳动观与人性

一、蚂蚁和蝈蝈谁更具备“人性”？ _ 182

二、何以为人？就是要有许多“闲”！ _ 184

第二节 / 时间概念与宗教观

一、令月之女神大发雷霆的古希腊年历 _ 187

二、古希腊人预言的世界末日 _ 192

三、战争是季节限定的惯例 _ 194

四、有众神无宗教的古希腊 _ 195

专栏 8 古希腊梦的占卜 _ 198

第三节 / 爱与病　死亡与永恒

一、古希腊的爱 _ 202

二、能够治病的梦境 _ 204

三、“对人类而言最大的幸福莫过于……” _ 209
四、从鸣蝉看古希腊与日本 _ 210
专栏 9　品读古希腊语版《哈利 · 波特与魔法石》 _ 214

参考文献 _ 217

后记 _ 225

引言

“首先，我想告诉大家的是，有关希腊‘蓝色大海，白色神庙’的印象，其实都是幻想。”教授这样说道，“古希腊人是用酒红色来形容大海的，古希腊语里原本就没有‘蓝色’‘大海’这类词汇。而古希腊的神庙更是五彩斑斓的，并非你们现在看到的纯白色。”

这番言论，宛如当头棒喝令我惊叹不已。正是因为迷恋着

图为对希腊阿菲亚神庙正门屋顶装饰部分进行的色彩重现。画上是希腊神话中的英雄人物帕里斯，他身着色彩艳丽的服饰正要开弓射箭

那片湛蓝的大海和神圣洁白的神庙，才开启了我研究古希腊历史的大门。

当听到这一切都是幻想时，我不由得反问道：“难道连帕特农神庙都不是白色，而是彩色的吗？”教授极其神秘地回答道：“不仅仅是颜色，如果说人们一直认为的帕特农神庙的正面其实是它的背面呢？甚至说那里也许根本不是什么神庙，你会做何感想？”他说话的神情，好像在分享珍藏多年的秘密。听到这里，我已无法按捺自己激动的心情。帕特农神庙竟然不是白色的？而且是反向而建？甚至也许它原来根本就不是神庙？

不仅是帕特农神庙，说起希腊历史总有许多让人兴奋不已的谜题，研究希腊文明、希腊神话，乃至这些文明与神话的缔造者——古希腊人，总能有令人激动的神奇发现。正因如此，我才会对古希腊历史情有独钟，这也正是撰写此书的原因。

期待各位与我一同开启探究古希腊历史真相的大门。在那里，能够看到与传统教科书及哲学书籍完全不同的、真实的古

从正面看帕特农神庙

希腊。

在这段探索之旅中，如果各位能与我一样感到“彩色的神庙……，虽然有点奇怪但还挺有趣的！”，或是能对零乱的残垣断壁感到些许兴奋，我将无限欣喜。

下面就请大家跟随我一同去领略曾经生活在这片土地上的古希腊人，以及他们热爱的希腊神话的真相吧！

第一章 复原“古希腊”

第一节

被“漂白”的希腊

一、是谁在何时将希腊“漂白”？

首先，我们要将对希腊的认识从“蓝色的天空与大海、纯白色的神庙”还原到“古铜色的天空、酒红色的大海以及色彩斑斓的神庙”。

如今，即使有人将一幅纯白色神庙的填色画递到人们手上，要大家涂上自己喜欢的颜色。相信多数人不但不去涂色，还会反问：“希腊神庙难道不是纯白色吗？”但如果是古希腊人，一定会将这幅画涂满红、黄、蓝等各种各样的颜色，那是因为

重现古代色彩的神庙及雕刻（具体色彩见本书腰封）

他们的神庙原本就色彩斑斓。

“希腊神庙等同于纯白色”这样的印象是由谁、从何时起灌输给我们的呢？

1939 年英国大英博物馆爆出的丑闻，将这一问题的答案清楚地呈现在世人面前。这次世界上最著名的博物馆丑闻事件，曝光了该馆对馆藏的希腊帕特农神庙门楣群雕进行的人为破坏行为。

美术品保存的一大原则就是尽可能地保留它原有的样貌。大英博物馆工作人员却用钢丝球这类硬物，人为刮掉了门楣群雕表层的颜色，造成了帕特农神庙色彩无法重现的严重后果。该事件被曝光后，馆内工作人员回应称，是博物馆的赞助商下令，将这组群雕全部磨白的，为的是让大众接受纯白色的神庙。

通过这一事件可以看出，“当时的西欧人认为，希腊神庙必须是纯白色的”。

英国大英博物馆馆藏帕特农神庙门楣群雕为纯白色。希腊政府认为这是掠夺自希腊的文物，要求英国尽快归还

19 世纪前期的雅典风貌。图片前端是宙斯神庙，后面是帕特农神庙

欧洲自 18 世纪中期兴起希腊热潮[①]，人们认为希腊是崇高、静谧、单纯美的象征，绝不能出现“杂乱无章”的彩色，所有建筑物所用的大理石必须是洁白光亮的，神庙的墙壁只能是圣洁的白色。

帕特农神庙浮雕遭涂改并非个案，像这样随意改变人们对历史真相认知的行为甚至波及了整个希腊。

1832 年希腊宣布独立，并成立“希腊王国”[②]，巴伐利亚国王的次子奥托一世成为希腊的国王。新的国王率领一众建筑设计专家，一心要将希腊改造为自己心目中的“古希腊风”国家。

例如，他以“雅典曾是古希腊文化艺术的中心”为由，下令迁都雅典。但当时的雅典只不过是个乡村小城，古代辉煌的风貌更无从谈起。

这里原有的伊斯兰风格小巷、回族清真寺、大众浴池等场

---

① 新古典主义。在追求理性、合理性的过程中，希腊成为“单一美”的象征。

② 如今的“希腊共和国”成立之初叫作“希腊王国”。外来的德国人成了希腊的国王，人们或许会觉得不可思议，实际上当时的希腊虽称作独立王国，仍深受西欧列强的干预。

雅典市的守护神
——雅典娜女神的雕像

所，被认为是“不符合古希腊风格”的东西，纷纷遭到破坏。取而代之的是新古典风格，人们不断地建造所谓“具有古希腊风格”的建筑。

那么，西方人为何要想方设法将古希腊历史理想化呢？这是因为，他们将希腊文明视为整个西方世界共通的起源。

城市、民主政治、自由、秩序、理性、男权社会，这些现代西方人眼中的“文明”，大多是以古希腊为起点的，甚至可以说“文明的事物 = 古希腊的事物”。古希腊作为西方世界的起源，有着不同于东方世界的价值观……这些便是现代西方人“理想中的古希腊”①。

① 18 世纪后期，造访希腊的欧洲人认为，现代希腊人是古希腊人的后裔，作为欧洲的始祖，必须将他们从奥斯曼土耳其的统治下解救出来。这与 1821 年的希腊独立战争相关联。

现代希腊人时常陷入两难的境地，一方面，世界总是无比关注古希腊而非现代希腊人。另一方面，现代希腊人自身也始终无法舍弃“古希腊人后裔”这一身份。

朱塞佩·切萨里画作《珀耳修斯与安德洛墨达》中，安德洛墨达完全是白人形象

二、惨遭“漂白”的重大历史问题

20世纪末，人们提出了更加严重的问题。

——与恶意更改雕塑的颜色相比，“对整个历史的捏造”是否更为恶劣？将古希腊改造为西方的起源，这本身不正是欧洲人在篡改历史吗？

至今“黑色雅典娜论战[①]”仍是牵动整个世界的话题。在我们的印象里，希腊神话中的女神雅典娜，从来都是金发碧眼的“白人女神”，然而，这一形象或许只是西欧人用了近200年的时间努力创造出来的。真正的雅典娜女神可能是黑色的皮肤。有学者提出，古希腊文明源于以埃及文明为代表的非洲和亚洲，如此说来，西方文明的起点就不该是古希腊，而应该是

① 1987年出版的由马丁·贝尔纳撰写的《黑色雅典娜》一书，引发了人们对捏造历史这一问题的讨论。该书被评为“自《圣经》以来，有关东地中海世界的最广受热议的书籍”。

东方吧？我们所了解的古希腊，难道一切都是被“漂白”的吗？诸如此类令人震惊的问题，给西方社会带来了巨大冲击，至今仍是未能解决的难题。

被刮掉颜色的帕特农神庙，我们永远无法了解它真实的样子。也许神庙的柱子上涂满了埃及或亚洲特有的色彩。讲到这里我们不由想象，是否有人故意抹去了整个古希腊世界里的东方色彩呢？这一切不得而知。

但至少我们能够确定，如今我们所以为的“纯白墙体、白色皮肤的古希腊[①]”，不过是“西方人们想要让世人看到的希腊”，不过是人为幻想带给我们的印象。

下面就让我们去寻找更加艳丽的古希腊吧。

① 例如，希腊神话中的著名英雄珀耳修斯从怪物口中救出了安德洛墨达公主。安德洛墨达是埃塞俄比亚（非洲）的公主，因此很可能是黑人（但古希腊人所说的“埃塞俄比亚”疆域辽阔，不好定义），在西方绘画中这些神话人物大都被描绘成白人的模样。

专栏 1

古希腊人的色彩世界——“绿色”为何是血与泪的颜色

“酒红色的爱琴海”，“酒红色的羊”；
“绿色的血滴与泪珠”，“泛着绿光的蜂蜜和雨滴”；
“红、绿、紫的三色彩虹”。

以上是古希腊人用来表达色彩的词汇。让人不可思议的是，为何形容大海不是用蓝色而要用酒红色？又为何能将血滴与泪珠看成绿色？古希腊人是否没有辨别例如蓝色这类色彩的能力，还是即便看到了蓝色，但因没有描述这类色彩的词汇，从而无法表达呢？（古希腊语中没有纯粹表达蓝色的词汇①）要解答这些疑问，首先得了解颜色概念在表达上的差异。说到颜色，

① 能够表达“蓝色”的词汇有“kyanos”“Glaukos”，其中 kyanos 用于表示黑、深绿、藏蓝、深灰这类明度较低的颜色。“Glaukos”则是灰、灰绿（灰青）、土黄色、茶色这类彩度较低的颜色的统称，无论哪个都不是纯粹表示蓝色的词汇。

我们一般是说色相的不同（如赤、黄、绿、青……）。而对于古希腊人来说“明亮或暗沉”“白或黑”这些明度、彩度的差异才是他们关注的重点。因此他们才会对彩虹的颜色[①]不那么敏感。

古代希腊人描述的“颜色”，并不是事物外部或表面的色彩，而是对事物的质感及自身所具有的特征进行的描述。

例如古希腊语中“绿色”是用来描述丰盈及鲜嫩程度的词语，像晨露、泪珠、血滴、汗水、手脚这类具有生命力的物体都可以用绿色来形容。“紫色”多用来描述流动的物体。因此对于古希腊人而言，大海、涌动的波涛都是紫色的。“白色”用来描述迅速奔跑的物体，常用来形容狗或马。

据此，重新审视古希腊人的色彩表达，就能理解文章开头提到的：

“酒红色的爱琴海”“酒红色的羊”即为“波涛涌动的爱琴海[②]”“到处乱跑的羊”；

“绿色的血滴与泪珠”“泛着绿光的蜂蜜和雨滴”即为“新鲜的血液，动人的眼泪”“新鲜香甜的蜂蜜”。就像这样，在古希腊人眼中，色彩包含着各种各样的事物[③]。

---

① 随着时代的推移，对彩虹颜色的描述由原来单一的紫色，逐渐演变成三色、四色，乃至七色。

② 也有说法认为，这是用来表现日落时大海暗沉的颜色。“酒红色”仅用于描述所有暗色的事物。

③ 并非是眼睛看到的颜色，而是运用色彩自身特点进行描述，也是我们常用的表达方法，例如“火红的太阳”“绿油油的树林”，等等。

第二节

跨越希腊历史的千年空白

一、为何没有“中世纪希腊人”？

随着2009年经济危机的爆发，希腊[1]一跃成为关注的头条。人们时常感叹：“古希腊有许多像苏格拉底、亚里士多德[2]这样的伟人，可如今的希腊却沦落到要面对经济危机的窘状。”

我们经常能够听到像“古希腊人”“现代希腊人”这类词汇，但“中世纪希腊人”的说法却未曾听闻。这是因为从中世纪到近代约一千年间，没有人以希腊人自居。希腊历史上有着长达一千年之久的空白，古希腊人曾一度彻底消亡，他们与现代希腊人之间并没有直接的血缘关系及历史关联。

古希腊人为何会彻底销声匿迹？那是因为古希腊被古罗马吞并了。自公元前2世纪开始受罗马统治的古希腊人，渐渐以“罗

① “希腊”这一国名来自“大希腊”（magna Grecia），是外国随意命名的。在现代希腊语中“希腊”一词写作“Ellas”，在古希腊语中写作“Hellas”。日本在国际上被称为“Jappan”这一名称也源于日本的古国名“Zipangu”。

② 苏格拉底是古希腊最早的哲学家，他的徒孙亚里士多德被称为“万学之祖”。

图为建在崖壁上的东正教修道院（Meteora）。该修道院是著名的世界遗产

马人”自称[①]，因为只有这样才能获得政治上的利益。

如此一来，“希腊人”一词逐渐演变为象征“野蛮人”的词汇。由此希腊人彻底丢弃了自己的身份，到了6世纪甚至没有一个人再以“希腊人”自居。

直到19世纪希腊独立战争，才再一次有人自称“希腊人”。也就是说，在此前的千年历史中，其实并不存在希腊人[②]。

不仅是历史上的灭亡，现代希腊与古希腊在宗教上也存在极大的差异，现代希腊人信奉一神教——东正教[③]，均为基督教徒。在信奉希腊神话（正如大家所知是多神教）的古希腊人看来，现代希腊人是与自己完全不同的“异教徒”。

19世纪希腊独立之后，当权贵们根据自己的印象大肆“还

---

① 212年罗马国王安东尼努斯颁布敕令，凡在罗马居住的自由人，均可以成为罗马人。

② 希腊史上的空白期是从6世纪起至19世纪希腊独立战争。这期间并不存在“希腊”这一国家。它被东罗马帝国、奥斯曼帝国吞并。

③ 东正教与天主教、新教同是基督教的流派之一。它的最大特征是禁止偶像崇拜，教堂内不设立体塑像。希腊的教堂中装饰着圣像（宗教画）。

原”所谓的古希腊之风时，不断听到这样的抱怨：“古代究竟和我们有什么关系？”“凭什么为了保护遗址，就要夺走我们世代生存的土地。”

察觉到真正的希腊并非是他们想象的那样，西方人悄然离去。希腊热潮逐渐退却后，现代希腊人开始重塑“属于自己的希腊”。他们将“古希腊”与“基督教”、“东方”与“西方”这类对立要素相融合，顺应欧洲人“西方文明起源”的说法，想以此“大赚一笔”。凭借这种想法，希腊人顽强地生活着，他们还要创造当下的魅力“希腊”。

宗教、血缘均不相同，又受尽“所谓希望风格”的摆布，即便是这样，现代希腊人[①]在精神上仍以古希腊为傲。

下面这句话集中体现了这一点：“当我们希腊人已经发明了哲学、天文学、民主主义的时候，欧洲的诸位怕还只是森林中的猴子！”[②]

二、不存在的“古希腊”

从现代向前追溯，我们终于来到了古希腊时代。首先要说

① 当问及现代希腊人“如何看待古希腊人？”得到的回答各式各样，“游客们来到这里只是为了古希腊人，对我们（现代希腊）并不感兴趣”，“欧洲人带走了古希腊所有的辉煌，如今的希腊只剩下瓦砾与贫穷”！

② 这是喜剧影片《我盛大的希腊婚礼》中现代希腊人对西方人说的台词。在这部描写现代希腊人的影片中，女主角的父亲为了说明古希腊语对世界的影响力，提到了日语，说日语中表示“和服”之意的“kimono”一词源自希腊语表示“冬天”之意的“χειμνα（cheimónas）”，它的发音与日语相似，是冬天到了人们要穿衣服的意思。

迈锡尼时代建造的城门，这一时代不仅有国王，还建有若干宫殿，宫殿均有牢固的城墙围绕

的是，古代任何一个时期都不存在希腊这样一个国家，这一点常常被人们误解。公元前 8 世纪之后，古希腊逐渐形成了大小不同的约 1500 个城邦[①]（polis），这些城邦各自独立存在，从未统一过。在古希腊没有行使绝对权力的国王[②]，贵族与贫民虽有身份差别，但每个阶层都有土地，在社会中也是完全独立的个体。

这时有人会问：“现实的古希腊社会没有国王，可希腊神话中为什么会有那么多王出现呢？”这是因为，早在迈锡尼时代（古希腊之前的时代）就有了国王。在古希腊人看来神话就是“遥远的过去”，他们的这种世界观也反映在神话中（关于这点将在第二章为大家详细介绍）。

希腊的地貌特征是“多山地、少平原”，加上周围岛屿众多，

---

① 这里的城邦是指以卫城与广场为中心的共同体，一个城邦无论多大，其居民最多不会超过 1 万人。

② 古希腊城邦斯巴达曾有过世袭的国王，但权力非常有限。

这是没能建立“希腊”这一统一国家的重要原因之一。

平原面积狭小、岛屿众多，这一点与日本相似，但两国又有着本质的不同：希腊从古至今一直是雨水匮乏的贫瘠之地①。

在这片满是岩石的贫瘠大地上，人类的智慧之花竟能大放异彩，这不禁让人为之惊叹。古希腊人认为：“富饶的土地容易滋养贫弱的人群，就如同亚洲人那样！”②笔者作为亚洲人，听到这番评价心情很是复杂。

没有了统一的国家，又该如何定义“古希腊人”呢？关于这一疑问，古希腊人自己是这样解释的：

“我们同为希腊人，有着相同的血缘，说着相同的语言，信仰同样的神，有着同样的生活习惯。”（希罗多德《历史》）

——也就是说，祖先相同，讲同样的希腊语，信仰同样的希腊神话，有着同样的生活方式，那便是“古希腊人”。这一定义下的希腊人、希腊神话以及他们的日常生活正是本书要为大家介绍的主要内容。

---

① 希腊分为旱季（3~10月）和雨季（11~12月）两季。雅典年降水量仅为东京的1/4，且降水多集中在雨季。也许有人会想：“过去的希腊是否更加绿意盎然？”实际上古希腊人也一直深信“这里曾是肥沃的土地”。但研究结果表明，古希腊自古便是贫瘠之地，反而如今的绿色更胜一筹。

② 出自医学之父希波克拉底医学全集中《论风、水和地方》一文，文章提出：“亚洲人居住的地域气候宜人，冷热变化不明显，这样的气候造成人们内心软弱、怯懦的性格。”医学之父如此评价亚洲，让人深受打击。

蓝色大海中漂浮的无数岛屿、美丽的海岸线，这些都是希腊风景的代名词

三、为何古希腊语中没有“大海”一词

最后，让我们来了解一下古希腊形成之前的时代，说到希腊，很多人会联想到湛蓝色的大海。从地图上来看，希腊确实是地处地中海、爱琴海、爱奥尼亚海之间的半岛，然而古希腊语中原本却并没有“海”这一词语。

在古希腊语中表示“海”的单词是“θάλασσα（Talassa）”，这种发音组合并不常见，就像日语里“拉面”“咖喱”“意大利面”这类外来词一样，Talassa 实际上也属于外来词汇。这表明，古希腊人原本是住在没有大海的地方。

原本住在欧洲内陆的原希腊人①，在某个时期因某些缘故向巴尔干半岛迁移，最终抵达了现在的希腊附近。那时，也许有过这样的对话，“喂，那边那位原住民，这个大湖叫什么名

① 他们是印欧语系的一派，因南下时间的不同，逐渐发展为爱奥尼亚人、伊奥利亚人、多利安人等不同的部族。

字？”“你们怎么连‘Talassa’都不知道？”这个念作“Talassa”的词，正是这里原住民的词汇。

迁移到这里的人们，在吸收或征服原住民及其文化的过程中，逐渐成为最早的“古希腊人”。

这样的经历也对他们的神话产生了极大的影响。例如，希腊神话中的海神波塞冬原本是地震之神，因地震与海啸总是相伴出现，故被改称为海神。

又如，原希腊人信奉的主神宙斯与当地原住民信奉的女神赫拉联姻，造就了希腊神话中最为著名的夫妻——众神之父宙斯与众神女王赫拉的故事。

在接下来的章节中，让我们一同走进供奉着古希腊众神的五彩神庙，聆听关于众神们的精彩故事。

专栏 2

帕特农神庙七大奇迹——从“百步殿”到瓦砾中的清真寺

说到希腊最著名的世界遗产，当属位于雅典卫城的帕特农神庙。大家应该都在照片或电视上见过这座享誉世界的帕特农神庙。它是希腊众多神庙当中最为神秘、建筑风格最独特的一座。下面我将带着大家一同揭开这座神庙的神秘面纱。

帕特农神庙最初被称为“百步殿”

这座神庙建于公元前 5 世纪，堪称建筑史上的杰作。修建之初它并不叫“帕特农神庙”，而被称为“百步殿”。虽不知

帕特农神庙始建于公元前 447 年，公元前 438 年建成。如今仍矗立在雅典卫城

为何要叫“百步殿”，但多数人认为，这与神庙内房间的长度正好可以用 100 步来测量有关。

帕特农神庙曾被称为“处女圣地”

“帕特农”这一叫法，最早出现在公元前 4 世纪的史料中，意为“处女宫”。人们认为之所以叫这个名字，与神庙供奉着处女神雅典娜有关。这一名称的由来，可谓众说纷纭，有传言称这里曾居住着专为女神雅典娜制作服饰的处女，还有人称这里曾是向神供奉处女的圣地。

自正门进入，却看到帕特农神庙的背面

古希腊的神庙大多朝东而建，帕特农神庙也不例外，就连入口也在神庙的东侧。然而现在，当我们自正门进入，看到的却是神庙的西侧，也就是它的背面。

之所以没有将正门建在神庙东侧，那是因为帕特农神庙坐落在雅典卫城的一座石灰岩山岗上，东边尽是悬崖峭壁，无法修建通行道路。

从正面（东侧）看到的帕特农神庙

17 世纪的帕特农神庙，宣礼塔依稀可见

帕特农神庙原本并非神庙

在希腊，神庙正面一定建有祭坛[①]，它面向神庙而建，是用于举行祭祀仪式的场所。不同寻常的是，帕特农神庙并没有祭坛。这里供有高大的雅典娜神像，然而却不是为了朝拜而修建。古雅典人为了不时之需，将神像用来储存金子。覆盖在神像上的黄金装饰均能拆卸，进行如此精巧的设计，为的就是危急时刻能够迅速带走这些财宝。

帕特农神庙里既没有神职人员和祭坛，也不举办任何祭祀雅典娜神像的活动。事实上，这里并非一般意义上的“神庙”，也许称它为“金库”更加贴切。

曾是中世纪基督教的教堂，后是伊斯兰教的清真寺，又曾被改装为军事要塞，最终却遭炸毁

中世纪没有人自称“希腊人”，当然也没有一位古希腊众神的信徒。即便如此，帕特农神庙却依然矗立。

① 希腊祭坛一般建在神庙外，这是为了方便将祭祀的供品传递给天上的诸神。

被炸为一片瓦砾的帕特农神庙以及矗立其中的清真寺

公元6世纪，帕特农神庙被改建为礼拜圣母玛利亚的教堂。15世纪时奥斯曼帝国占领了这里，将它改建为伊斯兰教的清真寺[①]，虽不是同一宗教，但仍被当作礼拜祭祀的场所长期使用。

然而，到了17世纪，这里遭到威尼斯军队的攻占，奥斯曼帝国将帕特农神庙改造成军事要塞，用来储备弹药。他们认为："帕特农神庙也深受西方人的崇敬，所以应该不会遭到攻击。"然而，威尼斯军队却毫无顾忌地对这里进行了轰炸，结果引燃了神庙内的弹药，这座矗立了2000余年的庙宇，虽抵抗住了频发的地震，却最终没能躲过战火的摧残，这次战争彻底炸毁了帕特农神庙。

丢失了原本的色彩

19世纪希腊独立至今，"复原古希腊时期帕特农神庙"[②]

① 这次改建，关闭了神庙东侧入口，并加盖了教堂钟楼以及清真寺宣礼塔。

② 修复过程中卸除了伊斯兰教风格的装饰物，这一举动引来批判。人们认为古希腊并不代表帕特农神庙的全部历史。

的活动一直在如火如荼地进行。然而古希腊时期神庙特有的色彩，修复后却不复存在。

这里或许不是神庙，而是金库、教堂、清真寺或者军事要塞……它是一座拥有不同姿态的神秘建筑。原本色彩斑斓，而非纯白色……帕特农神庙凝聚了希腊复杂的历史与本质。

日本与帕特农神庙

初见帕特农神庙，人们会为它看似完全笔直的线条惊叹不已。实际上，为了便于排水，神庙地板的中央是隆起的，神庙的石柱也略微向内倾斜而建。

石柱的柱身采用了中央微微鼓起，向上逐渐变细的“收分”（entasis）建筑形式。古希腊人采用这种建筑形式的原因众说纷纭，“由直线构成的柱身，从远处看会产生中间洼陷的视觉错觉”“为了使神庙整体显得沉稳厚重（营造出厚重屋檐似乎要将石柱压碎般的视觉效果）”“比起完全笔直的柱身，这种中间略凸出的设计，在构造上更为结实”，等等。

事实上，建于公元7世纪的世界最古老的日本木制建筑——法隆寺[①]也采用了同样的立柱设计，即“收分”建筑形式。人们在明治时期发现这一特点，并认为这种建筑形式是亚历山大大帝东征时经由印度传入日本的，日本人将其应用到了法隆寺

---

① 伊东忠太《法隆寺建筑论》（1893年）。

东洋美术史学家费诺洛萨，对日本美术给予了很高的评价，在其撰写的《东洋美术史纲要》一书中，他提出，日本一部分历史学家深信，法隆寺深受希腊（经由中国）佛教美术的影响。

的建造当中[1]。

公元前 5 世纪建造的希腊帕特农神庙，其柱身微隆的特点，经过了 1000 多年，跨越欧洲和亚洲传到了远在 6000 公里以外的东方国家日本。这是多么宏大且富有戏剧性的猜想，遗憾的是这一说法并无事实依据（如果真是这样，那么在希腊与日本之间一定会有更多同样形状的建筑物），因此只能说这是一种偶然的巧合罢了。

---

① 在位于克里特岛的克诺索斯王宫里也能看到这种顶端粗、底部细的柱子。它并非石材，而是由柏木打磨而成，上下颠倒放置是为了尽可能减少柱身遭受雨水侵蚀。在日本横滨市大仓山纪念馆也能看到相同样式的立柱。（大仓山与雅典是友好城市，主体街道建筑均为希腊风格。）

第二章

希腊神话的世界

第一节

希腊神话写实

一、曾能置人于死地的神话

当听到“希腊神话”时人们通常会联想到什么呢？是我们既熟悉的十二星座命理分析？还是那些发生在众神与人类之间热情又浪漫的爱情故事？

如今我们所说的希腊神话与古希腊人口中讲述的希腊神话有着怎样的不同呢？就请大家跟随我下面的例子一同去体会。

双子座[①]是人们熟知的十二星座之一，星座的名称源自一对名为卡斯托尔和波鲁克斯的双胞胎兄弟。对星座占卜或星象感兴趣的朋友应该都了解他们的神话故事，天文馆在介绍这对双胞胎兄弟时，通常会说他们关系十分亲密，到死都是形影不离，

① 以双子座为代表的十二星座并非古希腊人创造。十二星座（十二宫）起源于美索不达米亚平原的古巴比伦等中东国家，古希腊人只是在星座诞生之后将其与神话联系了起来，而所有星座与希腊神话的关联更是在希腊化（Hellenism）之后才全部完成的。猎户座作为希腊的固有星座为人们所熟知，但在古希腊语中猎户座本义为“撒尿的男孩”，这是因为，猎户座上升正值雨季，人们为表达对耕种时期及时雨的感激，才取了这样的名字，这与浪漫的星座解释相去甚远。

手持长枪骑着战马与战神阿瑞斯驰骋沙场的卡斯托尔

强占女性的卡斯托尔和波鲁克斯

现如今也能在冬日的星空中看到这对紧挨在一起的双子座兄弟。正因为这样的解释，在人们的印象中双子座一直是相亲相爱、惹人生怜的一对少年兄弟。

事实上，在古希腊神话中他们本是一对率领军队征战无数沙场的战神兄弟。相传这对凶残的兄弟出身于斯巴达，所到之处纷纷陷入战火之中，无一幸免。

在很久以前，卡斯托尔和波鲁克斯为了救回被掠走的妹妹海伦，率领军队攻占了雅典，整个城市因此成为一片废墟。（希罗多德《历史》）

尽管这只是神话里虚构的内容。但它对现实的古希腊世界却有着巨大的影响力，有时甚至会关乎人们的生死。

公元前 431 年，希腊爆发了伯罗奔尼撒战争。当时的斯巴达大军一举攻破雅典城，唯独狄凯里亚地区没有遭受战火的摧残。究其原因，斯巴达人这样说道：“（神话里）我们斯巴达人的战神卡斯托尔和波鲁克斯在攻打雅典时，唯独受到过狄凯里亚地区人民的拥护，因此我们也绝不去攻打这一地区。”

——在古希腊，仅仅是因为一位神话人物，便决定了现实中人们的生死。

对于古希腊人来说，神话不仅是探明“世界如何开始[①]、由什么构成”的科学，也是自己的祖先们如何生存、如何战死的历史，而并非是什么荒诞的无稽之谈。

对于他们而言，希腊神话是科学、是历史、是政治，甚至是战场上决定人们生死的、重要且真实的故事。

接下来，就让我们一同揭开这部如鲜血般艳丽的希腊神话[②]吧。

二、神缘何会残害人类

时常有人会发问，希腊神话中的神为何要残忍地肆意掠夺、虐杀人类呢？实际上，古希腊的神和普通人一样，拥有喜怒哀乐。他们也会去爱人，会去犯罪，还有欺诈、盗窃、性侵、杀戮，

---

① 希腊神话源自“混沌”（chaos）是有关希腊神话起源说中著名的说法之一。但将“chaos”一词翻译为“混沌”却是在古罗马时期以后，在古希腊语中“chaos”一词本是“缝隙”的意思。在宇宙中最早出现的便是“缝隙”。

② 希腊神话是在古希腊人描述的原有希腊神话的基础上融合了古罗马人二次创造的希腊神话而成的，在此基础上，又添加了文艺复兴后人们第三次创作的绘画及故事。

希腊神话犹如千层酥，如今我们能看到的多是表面的两层，实际上人们很少有机会接触到古希腊人口中原本的希腊神话。

他们也是无一不做。

对于前面的疑问，如果我们这样想也许会比较容易理解。

就好像我们从不会因为杀死一只小飞虫而感到残忍。在飞虫之中，既有像蝴蝶那样因羽翼艳丽而惹人怜爱的昆虫；也有像蜜蜂那样，因螫针锋利而使人生畏的昆虫。

古希腊的神与人类，正如同这人与虫的关系。在人们眼中那些拥有非凡能力、无所不能的希腊诸神，非但没有什么慈悲心肠，更不会怜爱人类。

古希腊诸神与人类唯一的不同便是“死亡与否”，换言之，所谓人类就是会死的神，所谓神，只不过是不死的人类而已。神与人类是如此的相同，甚至可以说他们比人类更富有热情、嫉妒心更强、更加残酷。他们有着与人类相同的身姿[①]、一样有喜怒哀乐，懂得爱恨情仇，却会因人们想都想不到的简单理由就轻易将人类杀掉。这可怕的不死的存在，便是古希腊人信奉的神。

---

① 神均以人类理想中的身姿显现。古罗马人认为“神是无形的”，因此便借用了与古罗马诸神具有同样地位的古希腊诸神的形象。

第二节

奥林匹斯十二主神及其履历书

众神的履历书

希腊神话里有着各种性格各异、有趣乖僻的神，比如有保护小偷的神、有总打败仗的战神，还有整日足不出户的神，每一位都有独特的性格。就连祭祀仪式也都各不相同。古希腊人若是生了孩子便会带他们去掌管生育的阿耳忒弥斯的神殿祈福、遇到烦恼便会去阿波罗的神谕所占卜、小偷在偷东西之前会去祭拜盗神赫尔墨斯。在希腊，每条街道都有各自的守护神，人们与神和平相处、共同生活。可以说在世界的任何地方、在人生中可能遇到的所有情境里，这些性格各异的神都无处不在。

我将这些各具特色的希腊众神按职业、性格、特征、籍贯、出生年月、主要经历、祭祀礼仪等进行划分，并将它们制作成现代人熟悉的履历书。

希腊神话中有不胜枚举的神及英雄，我们将围绕其中一些重要人物展开介绍。首先是被称为“奥林匹斯十二主神[①]”的希腊神话精英们。“十二主神”的界定并没有固定的规则，是当时由各个城镇自由推选产生的，在此选取获选率较高的一些神进行介绍。

希腊神话并非是由某位诗人或某个国家编写而成，而是不同都城在不同时代按照各自喜好随意描绘出的。对同一位神话人物有时会出现两种截然相反的描述，例如雅典娜就有处女神和非处女神两种对立的说法。有的城邦甚至会提出“你们这种说法对我们不利，赶紧去修改！”这类鸡蛋里挑骨头的说法。

说到这里，便会有人提出：“古希腊人对自己信奉的神有着多种不同的解释，他们自己难道不觉得奇怪吗？”其实这就如同身处 21 世纪的我们，在国与国之间，也会存在历史认识问题上的差异。所以说古希腊都城间存在对神话人物认识的差异也很正常。

随着时间的推移，希腊神话不断被覆上新的“涂层”[②]。即使到了 10 世纪之后，比如文艺复兴时期，希腊神话曾有过更新，甚至到现在，人们仍然在不断为希腊神话增添有趣的内容。

---

① 通常所指的奥林匹斯十二主神有：宙斯、波塞冬、赫拉、雅典娜、阿波罗、赫菲斯托斯、阿瑞斯、赫尔墨斯、得墨忒耳、阿佛洛狄忒、阿耳忒弥斯、赫斯提（或狄俄尼索斯）。

在科斯岛上，阿瑞斯和赫菲斯托斯被去除，取而代之的是狄俄尼索斯和海格立斯。

在奥林匹斯山十二主神祭坛中还供奉着优雅女神卡里斯、河神阿尔斐奥斯，以及农神克洛诺斯和他的妻子瑞亚。各个地方都有像这样自由定义奥林匹斯十二主神成员的权利。

② 本书的诸神履历书中的内容，均引用自公元前 8 世纪的叙事诗《伊利亚特》及公元 10 世纪最古老的希腊语百科事典《苏达斯词典》。

奥林匹斯诸神

也就是说，并没有“正确的希腊神话”，本书讲述的也只是其中一些有名的神话人物以及有趣的神话故事。希腊神话是会随着时代变迁而不断变化的活生生的神话。在这里各位读者也可以像古希腊人那样，选取自己喜欢的神话人物，按照个人喜好整理逸闻趣事为希腊神话添一抹色彩。

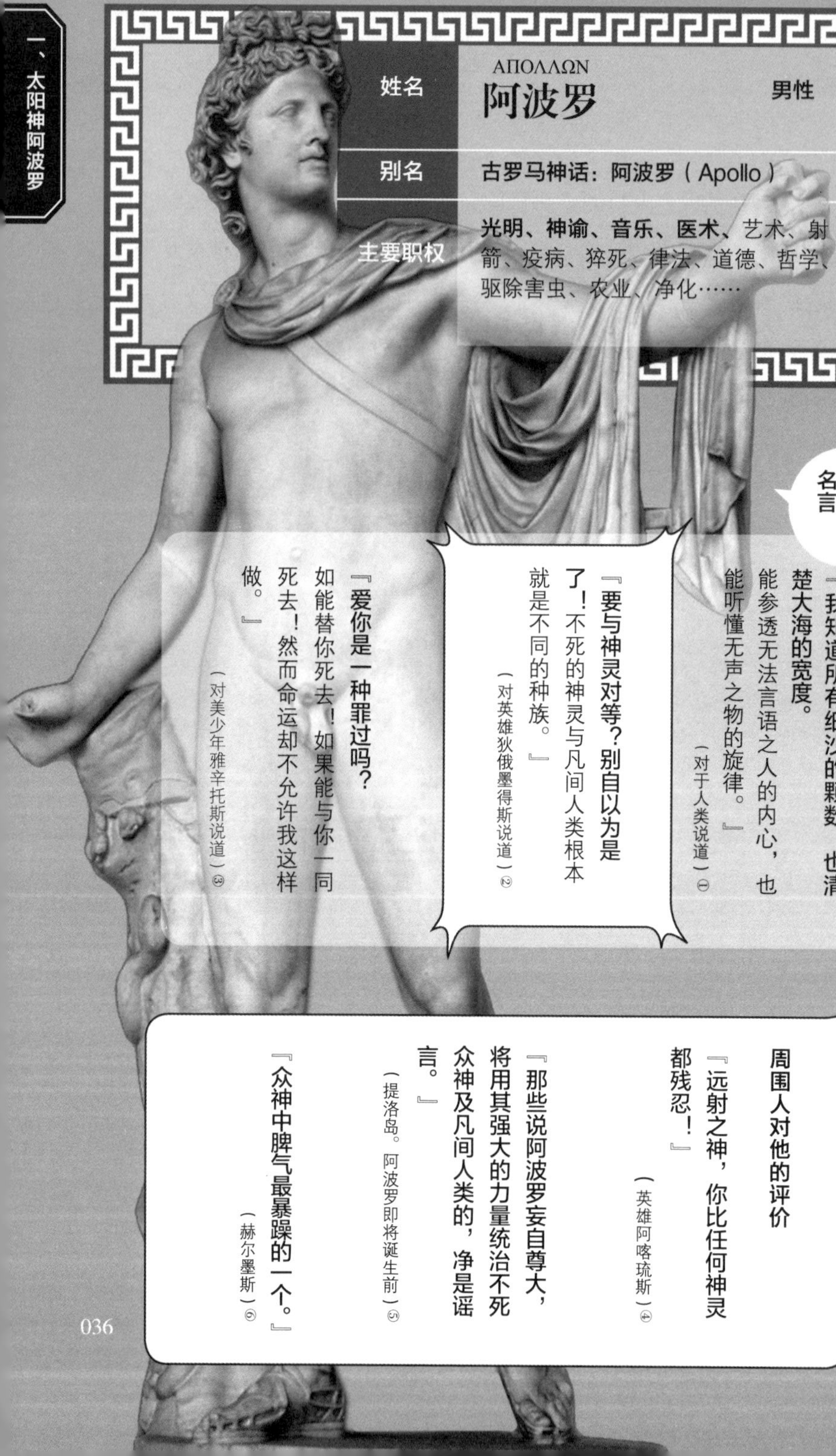

姓名	ΑΠΟΛΛΩΝ **阿波罗** 男性
别名	古罗马神话：阿波罗（Apollo）
主要职权	**光明、神谕、音乐、医术、**艺术、射箭、疫病、猝死、律法、道德、哲学、驱除害虫、农业、净化……

阿波罗名言

『**我知道所有细沙的颗数，也清楚大海的宽度。**能参透无法言语之人的内心，也能听懂无声之物的旋律。』（对于人类说道）①

『**要与神灵对等？别自以为是了！**不死的神灵与凡间人类根本就是不同的种族。』（对英雄狄俄墨得斯说道）②

『**爱你是一种罪过吗？**如能替你死去！如果能与你一同死去！然而命运却不允许我这样做。』（对美少年雅辛托斯说道）③

周围人对他的评价

『远射之神，你比任何神灵都残忍！』（英雄阿喀琉斯）④

『那些说阿波罗妄自尊大，将用其强大的力量统治不死众神及凡间人类的，净是谣言。』（提洛岛。阿波罗即将诞生前）⑤

『众神中脾气最暴躁的一个。』（赫尔墨斯）⑥

来自异国的死亡与疫病之神变身为“最具古希腊特色”的光明神

他是掌管艺术、医术、哲学等古希腊各个繁盛领域的光明神，被称为“最具古希腊特色的神”，但他却并非土生土长于古希腊，而是来自异国的死亡与疫病之神。

他掌管概念性的“光明”，随时代变迁人们常将他与太阳神赫利俄斯混同。

20 世纪“阿波罗 11 号”成功登录月球，又将他与月亮扯上关系，是充分体现希腊神话随时代变迁而改变的神。

●闪着光芒的金色卷发上戴着帕耳那索斯山的月桂树枝叶编织的冠冕，身着产自提洛岛的紫色拖地长袍。左手握着用宝石和印度象牙装饰的竖琴，右手拿着拨片。⑦

●拉弓远射的阿波罗，您如同白昼闪耀的明星降落人间，散发的耀眼光芒甚至照向遥远的天际。⑧

人物形象

古希腊男性美的象征。金色卷发的年轻美男子。有着永不衰老的容颜。

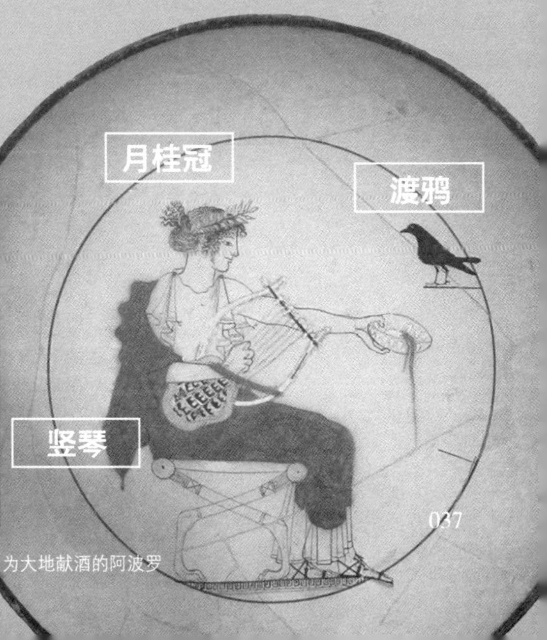

代表圣物

月桂冠、竖琴、银弓、鼎（三角台）、数字7。
动物：天鹅、渡鸦、海豚、狮子、狼。
植物：月桂树、棕榈树、向日葵、风信子。
乘坐天鹅牵引的战车。

【左】美景宫的阿波罗雕像　【右】为大地献酒的阿波罗

生日	萨尔格里昂月（5～6月）的7日，圣日是每月7日。
出生地	基克拉泽斯群岛的提洛岛，棕榈树
家族构成	父亲：宙斯 母亲：勒托 姐姐：阿耳忒弥斯（孪生姐姐） 配偶：无（单身） 有名的儿子：医神阿斯克勒庇俄斯、俄耳甫斯

美称	光辉之神、远射之神、歪斜之神（※ 源自其怪癖的神谕启示）、破邪之神、治愈之神、银弓之神、鼠神、蝗虫神、霉斑神。（※ 因阿波罗为瘟疫之神，所以毫无赞美之意的别称居多）
恋爱经历（女性）	科洛尼斯、达佛涅（月桂树） （之后介绍的宙斯远在阿波罗之上，所以此处仅标注特别有名的人物） **数不胜数**
恋爱经历（男性）	雅辛托斯 斯巴达美少年。二人在山间玩掷铁饼时，雅辛托斯误被阿波罗投掷的铁饼砸中，当场死亡，死后化身风信子。在斯巴达每年都会举行悼念他的仪式。 **数不胜数**

神话里的主要经历	
诞生	・生于提洛岛的棕榈树下，天后赫拉阻拦其母勒托分娩，致使勒托受尽苦难才得以生下阿波罗。
1 岁	・出生就被天鹅带到了极北之国，这是阿波罗最爱的国度。之后每年冬季他都会离开希腊远赴极北之国度假。
2 岁	・在德尔斐与守护圣域的巨蟒皮同死斗，最终射杀皮同，取得了位居希腊中心的德尔斐圣域。声称“要为人们传递神灵的启示”。大地之母盖亚因儿子皮同被杀一直怀恨在心，前来神庙捣乱，在阿波罗为人类开示之前，预先通过梦境泄露预言，导致阿波罗神谕所门庭冷落。父亲宙斯从中调停，恳请盖亚放过阿波罗，这才使得神谕所恢复正常。
成人后	・阿波罗在德尔斐神谕所向人们开示时，英雄赫拉克勒斯也来到神谕所祈求启示，阿波罗因其不洁的装扮拒绝了他。英雄为了泄愤，企图偷走阿波罗工作用的三脚架，这又激怒了阿波罗，二人展开了长达三天三夜的拉锯战。直到宙斯命二人“适可而止”，方才得以停息。 ・与波塞冬、赫拉共谋推翻宙斯，但以失败告终，与波塞冬一同受罚成为凡间奴隶。 与波塞冬一同为奴在特洛伊修建城墙。虽为奴隶却向主人索取报酬，遭到拒绝后，二人给希腊人降下瘟疫，招来怪兽，引发了“第一次特洛伊战争”，此时英雄赫拉克勒斯大显身手。
	・儿子阿斯克勒庇俄斯成为颇具盛名的名医，医术高明到能使人死而复生。这引起宙斯与冥王哈得斯的不满，将其处死。阿波罗大怒，不能直接找宙斯报仇的他，一怒之下射杀了宙斯的恩人巨人族，再次激怒宙斯，将他贬为人类阿德墨托斯的奴隶。阿波罗自此又引发了新的骚动（有说，阿波罗的那些人情味十足的恋爱故事多发生在他为奴期间）。
公元前 12 世纪	**特洛伊战争（第二次特洛伊战争）** 他一边倒地支持特洛伊，射杀了英雄阿喀琉斯。※ 特洛伊战争成为希腊神话史上最后的事件。

主要朝拜地及朝拜仪式

·阿波罗神谕所（德尔斐圣域：世界遗产）

古希腊世界最灵验的占卜。曾经决定着整个希腊政治、历史的未来。阿波罗的女巫坐在三脚架祭坛（三个腿的大锅）上，嚼食着月桂叶，大口吸着神秘的浓烟，进入恍惚状态，在这种状态下开始向阿波罗询问要占卜的未来。意识朦胧的女巫说着含混的答语，这些难懂的内容均由神官们一一整理解释给前来祈求开示的人们。

阿波罗不愿为人们开示时（例如供奉的牛毫无精神就预示着阿波罗不愿开示），便会出现"今日暂停神谕"的情况。等待神谕的人数不胜数，神却我行我素。甚至整个冬季阿波罗都会因度假而终止神谕，毕竟神是从不会迎合人类的。⑨

正在德尔斐圣域为人们开示的阿波罗。右侧摆在阿波罗面前的三脚架祭坛上坐着正为人们转达预言的女巫

·皮提亚竞技会（德尔斐）

希腊四大竞技之一，除体育赛事外，还会举行诗歌朗诵比赛。获胜者能够获得月桂枝、月桂冠（月桂冠不出几日便会枯萎，但人们并非为物质利益，而是为了荣誉而战）。⑩

德尔斐的阿波罗神殿

·卡耳涅亚节（斯巴达）

在此节日进行期间，禁止所有军事活动（战斗、远征）。阿波罗喜爱的美少年卡耳涅伊俄斯惨遭斯巴达人杀害，愤怒的阿波罗给斯巴达阵营降下了瘟疫。为了安抚阿波罗的怒气，每年这一节日期间禁止一切军事行动。⑪

温泉关战役期间，正值斯巴达举行卡耳涅亚节日庆典，所有军队按兵不动，仅凭包括国王在内的300人与波斯数万军队殊死对战。⑫

①希罗多德《历史》第1卷47节。②荷马《伊利亚特》第5歌440行。③奥维德《变形记》第10卷201行。④荷马《伊利亚特》第22卷15行。⑤《荷马颂歌合集》"致阿波罗"（颂歌第3曲）68行。⑥《荷马颂歌》"致赫尔墨斯"（颂歌第4曲）307行。⑦奥维德《变形记》第11卷165行。⑧《荷马颂歌》"致阿波罗"（颂歌第3曲）440行。⑨鲍萨尼阿斯《希腊道里志》第10卷5章1节。⑩奥维德《变形记》第1卷440行。⑪鲍萨尼阿斯《希腊道里志》第3卷13章3节。⑫希罗多德《历史》第7卷206节。

阿波罗——因 NASA 的误解而被送去宇宙的神

1969 年，美国宇航局阿波罗 11 号（Apollo 11）[①] 宇宙飞船成功登陆月球，自此，阿波罗的名字不仅载入了古希腊历史，甚至载入了宇宙史。

NASA 阿波罗计划的负责人说[②]：“在翻遍希腊神话后，最终决定将阿波罗作为此次太空飞行计划的名称。代表太阳、光明和音乐的阿波罗神，驾驶战车飞向太空。他的名字与月球载人航空计划无比贴切。”然而，如果让古希腊人听到这样的言论，一定会反问：“阿波罗何曾做过这样的事情？”

一直以来，“太阳神”阿波罗驾驶战车光芒万丈奔向天空的形象给人们留下了深刻的印象。实际上，这是将阿波罗与太阳神赫利俄斯相混淆的结果[③]。

太阳神赫利俄斯

① 阿波罗（Apollo）是 ΑΠΟΛΛΩΝ（古希腊语）的英文念法。

② 此内容来自原 NASA（美国航空航天局）路易斯研究中心新闻报道（1969 年 7 月 14 日）。

③ 公元前 4 世纪之后，渐渐将阿波罗与赫利俄斯混同在一起。

光之神缘何亦为瘟疫之神

阿波罗原本又是掌管着哪些神权的神呢？那便是比太阳含义更广阔的“光明之神”，为未开化的人类带来了打破蒙昧、无知、黑暗的文明之光。古希腊可谓开创了整个人类历史上智慧、艺术各个领域的新篇章，而集如此荣光于一身的代表人物便是光明之神阿波罗。

艺术、哲学、法则、医术、神谕（预知）、文明，这些人类文明必需要素均属于阿波罗的领域。

然而，光不仅具有积极的一面，它也能够暴露人们想要隐藏的黑暗，还会让植物枯萎、东西腐烂，甚至让瘟疫泛滥、生灵涂炭。

因此阿波罗也是让瘟疫泛滥的恐怖之神，是会让人类突然间与死亡扯上关系的死神。

一边是让“疫病”肆虐的死神，一边又是医术高明的“医神”。

为了镇压野蛮行为，号令各路英雄的阿波罗（奥林匹斯宙斯神殿西侧的门楣板）。在这组浮雕当中，人们将阿波罗刻画为秩序与文明的象征

这完全就是放火恶魔成了发现火情的立功者，让人忍不住要说上一句：“明明是你干的好事，怎么还成你的功劳了？！”

阿波罗缘何厌恶希腊

阿波罗被称为“最具希腊特色的神”。正如前文提到过的，阿波罗掌管着思想、哲学、医学等古希腊灿烂篇章的各个领域，并拥有着俊美的面孔、完美的身材，是典型的古希腊理想男性形象。

然而，“阿波罗”这个名字，在古希腊语中，原本是不曾有的发音组合。身为古希腊代表性神，却并非 Made in Greece（希腊制造），而是外来的神[①]，这极具讽刺意味。

关于这一事实在神话及历史上均有明确的记载。有关特洛伊战争的记载中，阿波罗就站在希腊敌对国特洛伊一方，残害了不少希腊人。

阿波罗并非所有时间都居住在希腊，实际上比起希腊人，他更喜欢“极北居民”，每年冬天他都会去往“极北居民”[②]处所度假。古代社会最为著名的阿波罗神谕所德尔斐会在冬季关闭，正是因为它的主人去了别的地方。

① 有关阿波罗究竟来自何处的讨论，众说纷纭，至今也没有准确的答案，一说他来自遥远的北方，另一说他来自亚洲。但可以确定的是古希腊人确实将阿波罗视为外来的神。古希腊语方言众多，对于阿波罗名字的叫法各地均不相同，如：apurun、aperon、apeiron 等。

② 古希腊人认为在希腊最北边居住着“极北居民”许佩尔波瑞斯人。传说这里是四季如春的理想国，人们既无病痛也无饥饿，过着幸福的生活。

惨遭“漂白”的神话

阿波罗并不是古希腊众神当中地位最高的神（宙斯是古希腊最高天神），为何我们还要从他说起呢？那是因为他是遭“漂白”的众神中最易发现本色的一个。

希腊神话多以浪漫且富有情趣的场景为人们熟知，这与原本的神话究竟有着怎样的差别呢？下面我们将通过“世人流传版”与“古希腊现实版”二者对比的形式呈现出来，请大家自己感受吧。

话说光明之神阿波罗与人间少女科洛尼斯相恋，科洛尼斯怀上了阿波罗的孩子，但这个不忠于爱情的女子在怀孕之后又与人间男子坠入爱河，这一切被圣鸟乌鸦发现，随即告诉了它的主人阿波罗，这就是著名的“阿波罗与科洛尼斯的爱情故事”。

现代世人流传版[①]

从乌鸦那里听到恋人不忠的消息，阿波罗怒火中烧，竖琴拨子从颤抖的双手间滑落到地上，他一把甩掉头上的月桂冠，俊美的面容也被气得煞白。

难以抑制心中的狂怒，阿波罗拿起弓箭射向昔日拥吻过的

---

① 出自奥维德《变形记》。如今希腊神话中浪漫的故事大多是由罗马诗人奥维德讲述的。他以短小的希腊神话为素材经过艺术改编和创作，或新增内容或改变内容，使其更具有故事性。

恋人，弓箭毫厘不差地射进科洛尼斯胸口，疼得她呻吟不止，艰难地拔出箭来，顿时鲜血喷涌而出，染红了她雪白的肌肤。

科洛尼斯断断续续地对昔日情人说道："尊贵的福玻斯殿下（阿波罗的美称）！我愿接受您的惩罚，但为何不能等到腹中胎儿降生呢，他何罪之有？您杀了我，也结果了您孩子的性命啊！"说着她便倒在了血泊里。

失去了爱人的阿波罗这才回过神来，"在嫉妒与愤怒的驱使下，我竟做了如此残忍的事情"，他不断喃喃自责道。可一切都来不及了，他后悔不已，痛恨自己的冲动，痛恨匆匆射出的弓箭，甚至痛恨自己射箭的右手。

他紧紧抱着冰冷的科洛尼斯，想要施展医术挽回她的生命，但一切努力都无济于事。当焚尸的柴堆架好，科洛尼斯的尸体就要被火化之时，阿波罗发出惨烈的哀号，然而他却没有哭泣的权利，那是因为天上的神灵不可以让泪珠弄湿自己的脸颊。

看着即将化为灰烬的科洛尼斯，阿波罗悲伤不已，想着至少要保住自己的孩子，便冲进熊熊火焰中，从科洛尼斯腹中取出了自己的骨肉。

亲手杀死自己爱人的阿波罗，那令人绝望的哀号，在这充满人性的爱情故事里，得到了如诗歌般凄美的表达。

那么相同的神话，在原本的古希腊传说中又是怎样的呢？

古希腊版[①]

阿波罗对情人科洛尼斯相当宠爱，当他得知情人明知怀有自己的骨肉，仍与人间男子彻夜偷欢的不忠事实后，毫不犹豫地选择了捍卫神的尊严，誓要严惩不忠的恋人。

他找来自己的姐姐阿耳忒弥斯（掌管贞操的女神）一同前往科洛尼斯的住处。在他们孩子即将降生之际，科洛尼斯死在了阿耳忒弥斯的箭下。不仅如此，就连科洛尼斯周围的众多居民也无一幸免，都被阿耳忒弥斯杀死了。那时因一人犯错而株连整个城镇的事情并不罕见。

科洛尼斯的尸体被摆放在即将焚烧的柴堆上，火焰刚刚点燃，就听到天空中传来阿波罗的声音："我无法忍受自己无辜的孩子要与他罪恶的母亲一同接受惩罚！"说着，他走进柴堆，熊熊燃烧的火焰为神让开了一条道路，让他从科洛尼斯腹中取出了孩子。

——两个完全不同的版本！

虽然两个版本最终的结果都是"杀死了出轨的恋人"，但古希腊版中的阿波罗丝毫没有感情流露，始终理智、冷静。而女神阿耳忒弥斯也是那么的冷酷无情，甚至将科洛尼斯周围的人也都统统杀死。这正是希腊神话本来就有的血一样的鲜红色彩。

---

① 品达罗斯《皮托竞技胜利者颂》第 3 首、赫西俄德《神谱》、鲍萨尼阿斯《希腊道里志》第 2 卷 26 节的部分意译及概括。

如今我们看到的有关星座或恋爱的神话故事，多是自古罗马之后在新“涂层”上润色而成的。如果去掉这些浪漫的粉饰雕琢，真正的希腊神话与罗曼蒂克之间会相差甚远。世人看到的将会是一部冰冷残暴、令人毛骨悚然的古希腊神话。

然而不断的变化，恰好证实了神话仍活生生存在。从瘟疫之神化身为太阳神，又因驾驶太阳战车成为宇航计划的名称，也许在“阿波罗 11 号”的影响下，百年之后阿波罗神还会成为掌管宇宙开发的神。

专栏3

阿波罗神谕之名（谜）问答集

“未来会发生什么？自己接下来又该何去何从？”

像这样有关未来的好奇我们每个人应该都有过。在古希腊，有专门帮助人们解答这些疑问的地方。

在号称“世界中心”的德尔斐，有古希腊最大的神谕所，人们将信仰汇聚于此。

太阳神阿波罗在这里通过女巫之口，为劳苦众生解答各类

德尔斐的阿波罗神谕所，世界遗产

疑问。[1] 从战场获胜秘诀、国家未来发展，到个人姻缘、前程，无关问题大小，人们都能在这里尽情倾诉任何烦恼。

那么，古希腊人究竟会因何事而苦恼，神又是如何帮助他们解答的呢？

下面就以问答的形式为大家展现古希腊人真实的困惑以及神独到的解决方法。

来自远征部队大将军的问题：

“此次出征能否大获全胜？”[2]

阿波罗的解答：

“晴空若降甘露，欲求之城不攻自破。”

听到此言，远征大将军失落不已，小声说道：“大晴天怎么可能下雨，这是神在告诫我们此次远征凶多吉少吧。”

妻子眼看着将军沮丧不已，便让他伏在双膝上予以安慰，忧心如焚的妻子泪水不禁夺眶而出，啪嗒，一滴泪珠落在了大将军的额头上。就是这滴泪珠让他参透了神的预言。原来他的

① 阿波罗神谕所接受所有城邦有关政治问题的咨询，是古希腊重要的信息中心。因此，神官们对各个城邦的具体情况了如指掌，预测哪一城邦更有可能获胜也并非难事。

② 鲍萨尼阿斯《希腊道里志》第 10 卷 10 章 6 节以后。

妻子名叫“阿伊德拉”（Aithra），在希腊语中是“晴空”的意思。如此一来，大将军次日便顺利征服了沿岸最大，同时也是最富有的城邦塔林敦。

阿波罗的神谕多是这样犹如迷雾[①]般暧昧且需要智慧的解读。当然会错神的启示，引发严重后果的情况也常有发生。

来自吕底亚国王克罗伊斯的提问：

“我们能战胜波斯帝国吗？”

阿波罗的解答：

“只要发兵出征，伟大的国家便会灭亡。”

吕底亚必胜，太好了！这是预示着此战我们一定告捷啊！于是信心十足地率领部队出征波斯。结果却是大相径庭，自己的国家被波斯灭亡了。这便是神谕的真谛——阿波罗这样说道：“就连波斯的‘波’字我都未曾提起过，事实上正如开示所说的那样，伟大的吕底亚王国不是灭亡了吗？”

① 由于阿波罗的预言内容含糊不清、时常故意刁难人，才有了“歪斜之神”（Loxias）这一别称。

就这样，阿波罗的预言在无数次解救古希腊城邦及民众的同时，也让他们毁灭[①]。

① 因阿波罗神谕而最终亡国的代表人物俄狄浦斯。

俄狄浦斯王问道："我是在哪里出生的？父母又是何人？我究竟是谁？"

阿波罗答道："你将会杀死自己的父亲，而后与母亲结婚。"俄狄浦斯多次尝试躲避这一预言。结果却适得其反，在街头与父亲偶遇，却因没能认出父亲而将其误杀，后又稀里糊涂与母亲结了婚，犯下近亲通奸的罪行。（希罗多德《历史》第1卷53节）

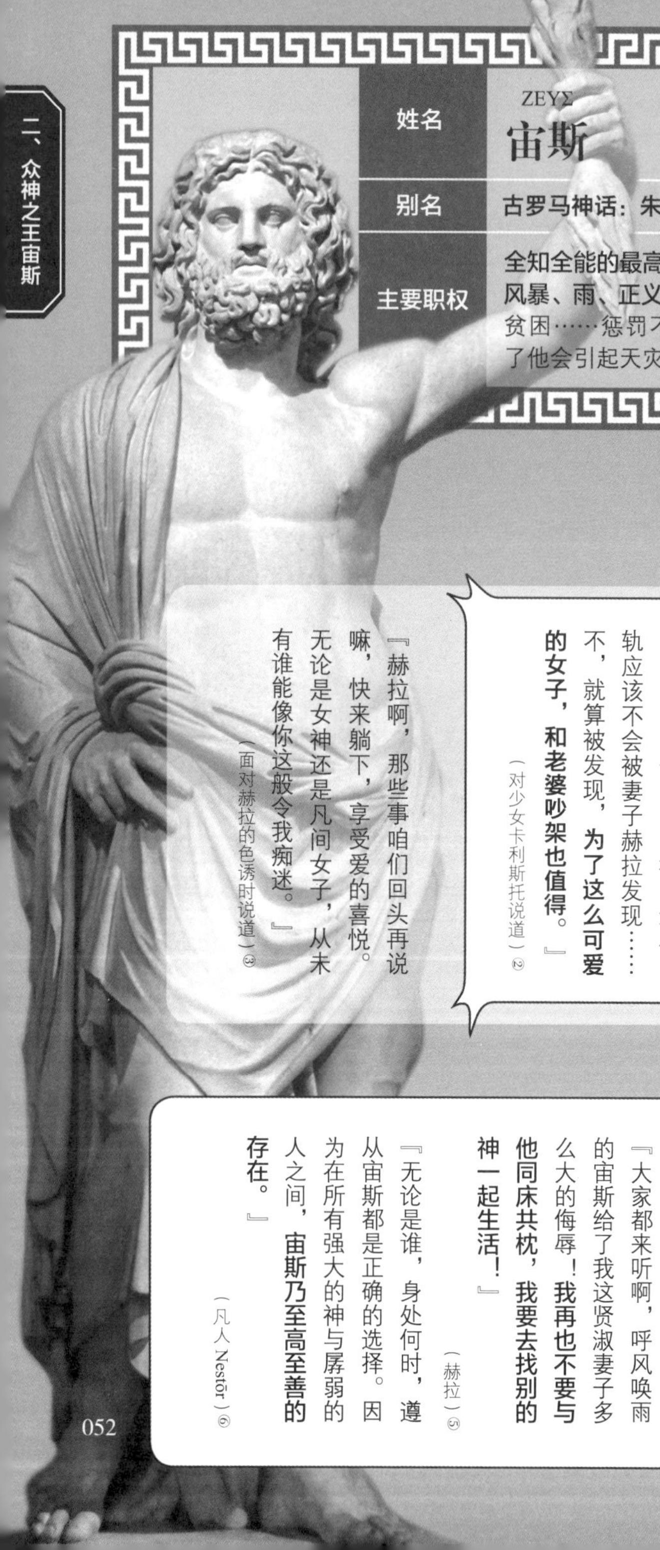

姓名	ZEYΣ **宙斯**	男性
别名	古罗马神话：朱庇特（Jupiter）	
主要职权	**全知全能的最高主神。掌管天空、雷、风暴、雨、正义**、王权、家族、财产、贫困……惩罚不供奉神灵的人。惹怒了他会引起天灾。	

宙斯名言

『尔等是否已经领悟，吾乃众神之王！』①

『这是绝无仅有的良机。这次出轨应该不会被妻子赫拉发现……不，就算被发现，**为了这么可爱的女子，和老婆吵架也值得。**』（对少女卡利斯托说道）②

『赫拉啊，那些事咱们回头再说嘛，快来躺下，享受爱的喜悦。无论是女神还是凡间女子，从未有谁能像你这般令我痴迷。』（面对赫拉的色诱时说道）③

周围人对他的评价

『别再说那些鬼话骗人了，明明就做不到，说了有什么用！』（赫拉面对宙斯无奈地说道）④

『大家都来听啊，呼风唤雨的宙斯给了我这贤淑妻子多么大的侮辱！**我再也不要与他同床共枕，我要去找别的神一起生活！**』（赫拉）⑤

『无论是谁，身处何时，遵从宙斯都是正确的选择。因为在所有强大的神与孱弱的人之间，**宙斯乃至高至善的存在。**』（凡人 Nestōr）⑥

守护正义与弱者的最高神灵，深受古希腊人喜爱的西方头号出轨男神

他是希腊神话中地位最高、最强的神，为干涸的希腊大地带来雷雨的神。虽然又被称作只顾偷情的极品渣男，但这其实是因为，各个城邦都想要拥有他至高无上的血统，争先恐后地称："宙斯是我们的先祖""我们的祖先也曾深得宙斯的喜爱" "我们这里更是如此……"这才塑造了多情的宙斯。也就是说，只因太受欢迎，人人都想和他扯上关系，宙斯才被迫成了如此风流多情的极品渣男。虽然艳情不断，但在感情生活之外，宙斯完美地诠释了一位尽职尽责、刚正不阿、守护正义与保护弱者的最高主神的形象。

●手持权杖、正襟危坐于宝座之上。

●『黄金宝座上的宙斯正纵目远眺，脚下是暗波涌动的奥林匹斯山。』⑦

人物形象

留着胡须的威严大叔。跨步而立，手持雷霆与神鹰。

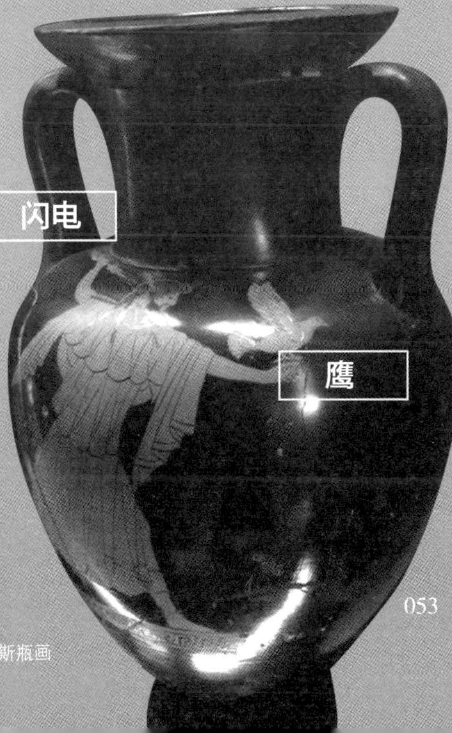

代表圣物

雷霆、权杖、宝座、头戴橡树枝冠或橄榄枝冠。

植物：橡树。

动物：神鹰、公牛。

【左】手持雷霆的宙斯　　【右】宙斯瓶画

生日	不明，每月 15 日为宙斯圣日
出生地	克里特岛的狄克提洞窟 / 阿卡迪亚，等等。
家族构成	父亲：克洛诺斯 母亲：瑞亚 妻子：赫拉（狄奥涅） 子女：（神）雅典娜、阿瑞斯、赫菲斯托斯、阿耳忒弥斯、阿波罗、赫尔墨斯、狄俄尼索斯、珀耳塞福涅(科瑞)，等等。 （凡人）赫拉克勒斯、珀尔修斯、卡斯托尔、波鲁克斯、海伦，等等。
美称	黑云骑士、雨神、狂躁君主、湿气之王、天空监视者、所有希腊人的神、最高天神、城市守护者，等等。
恋爱经历（女性）	**数不清** **·智慧女神墨提斯** 宙斯苦苦追求智慧女神墨提斯，最终成功与她发生了关系，却担心墨提斯腹中孩子会夺走自己的王位，于是生生将墨提斯吞入腹中。数日后，头痛难忍的宙斯劈开头颅，女神雅典娜就此诞生。⑧ 宙斯对得墨忒耳、勒托、忒弥斯等女神也是肆意妄为。 **·凡间少女伊俄** 宙斯瞒着赫拉与其发生关系，为了躲避赫拉的追击将伊俄变作一头牛，谁知赫拉反问“没做亏心事的话，就把这头牛送给我吧”，无奈的宙斯只得将伊俄交给赫拉。后因赫尔墨斯相助，伊俄才成功逃脱。⑨
恋爱经历（男性）	**·伽倪墨得斯** 特洛伊少年。宙斯化身雄鹰将其掳往天界，命其在宴会上为众人斟酒。（这位少年后来变成了人们熟知的“水瓶座”）⑩

①荷马《伊利亚特》第 8 卷第 4 行；②奥维德《变形记》第 2 卷 422 行；③荷马《伊利亚特》第 14 卷 312 行；④荷马《伊利亚特》第 19 卷 107 行；⑤《荷马颂歌》“致阿波罗”（颂歌第 3 曲）311 行；⑥昆图斯《特洛伊战记》第 8 卷 452 行；⑦荷马《伊利亚特》第 8 卷 440 行；⑧赫西俄德《神谱》886 行；⑨阿波罗多罗斯《希腊神话》第 2 章 5 节、奥维德《变形记》第 1 卷 583 行；⑩奥维德《变形记》第 10 卷 145 行。

神话里的主要经历

诞生	·父亲克洛诺斯担心遭子嗣夺取王权，将自己刚出生的孩子一个个吞进肚里。唯有宙斯幸运地躲过了被吞噬的厄运，在克里特岛的洞窟里长大。
成年期	·诱骗父亲克洛诺斯吞下芥末和食盐，从而救出被吞食的兄弟姐妹（赫拉、波塞冬等人）。
	提坦大战 父亲克洛诺斯率领的提坦一族与宙斯率领的奥林匹斯众神之间的战役。战争持续 10 年之久，最终宙斯获胜。 获胜的三兄弟宙斯、波塞冬、哈得斯抽签决定了各自的领地：宙斯支配天界，波塞冬支配海域，哈得斯统领地狱。
	·向赫拉求婚。最初遭赫拉拒绝，变身受伤的小鸟接近赫拉，赫拉怜惜小鸟将它拥入怀中时，宙斯趁机俘获了她的芳心。 ·与赫拉在萨摩斯岛完婚。新婚之夜持续了 300 年之久。 ·诞下阿瑞斯、赫菲斯托斯、阿波罗、阿耳忒弥斯等众多子女（多数是外遇所生）。
	巨人大战 是巨人族与奥林匹斯众神间的战役，众神联手英雄赫拉克勒斯，最终获得胜利。
	与怪兽堤丰之战 宙斯首战败给了堤丰，堤丰砍断了宙斯的跟腱并将他关了起来。赫尔墨斯设计救出宙斯，重获自由的宙斯用埃特纳山砸倒堤丰（如今的埃特纳山也常因堤丰的怒火而喷发。）
	·险些遭赫拉、波塞冬、阿波罗三人谋反，幸好得到海之女神忒提斯的帮助，得以化解。
公元前 12 世纪	**特洛伊战争** 宙斯在这场战役里处于中立。

主要朝拜地及朝拜仪式

宙斯的祭祀活动多在山顶举行，人们为其供奉公牛及山羊。

· 奥林匹亚竞技会

现代奥林匹克的鼻祖。始于公元前 776 年，是为献礼宙斯举行的古希腊最大的竞技会。每四年一次，夏季举行，其间禁止一切军事活动。在古希腊，能在这一竞技会中获胜，是至高无上的光荣。

奥林匹亚竞技场，面前的石线正是当时的起跑线

· 多多那的宙斯神谕所

高大的橡树是神灵宙斯的象征，沙沙作响的树叶被解释为神灵的声音，给予人们来自神的启示。

宙斯缘何出轨

宙斯是希腊神话中至高无上的主神，掌管雷霆与风暴、权力与正义。这位万神之王风流无度，妻妾成群，仅是人们熟知的婚姻就有三段[①]，偷情次数更是无以计数。整个希腊神话充满了宙斯花心的故事：女性自不用说，他还时不时将手伸向男性[②]，就连自慰时掉落在大地的精液都能长成杏仁树，这便是无与伦比的男神宙斯。

如此说来，想必大家一定会问，为何古希腊人要将这样一个终日沉迷情色的人选为最高天神呢？事实上，原因与结果恰恰相反，正因为宙斯是伟大的最高天神，才惹得各个城邦争相提出："主神宙斯是我们的祖先！"古希腊是由若干个独立城

强抢女性的宙斯

① 三位妻子分别是象征法律与正义的忒弥斯女神、天空之神狄俄涅，以及掌管婚姻的女神赫拉。关于赫拉会在后续详述。

② 如作为水瓶座神话的主角广为人知的伽倪墨得斯。

邦构成的，并非统一的国家，各个城邦为了能够拥有宙斯这位先祖，开始批量生产各种不同版本的“出轨神话”，为的就是与至高无上的主神多些“瓜葛”。

宙斯看起来虽是个沉迷女色、绯闻不断、人品极差的男神，但人们似乎更在意他作为最高天神的血统。要是宙斯本人知道，在人们创造的各个版本的神话中，自己早已成为世界头号偷情高手，一定会勃然大怒吧。

至此不难看出，希腊神话并非是由某一位作者撰写的，而是各个城邦，乃至任何人，都可以结合自身利益描述的神话①。正因如此，神话中的某个故事往往会有多个版本，甚至会出现截然相反的结局。例如，一般认为宙斯的降生地是克里特岛，而阿卡迪亚地区的百姓们却说，宙斯是在他们那里出生的。不仅如此，特洛伊、彼奥提亚、迈锡尼也纷纷主张宙斯是在自己的城邦出生的。人们都在讲述着有利于自己的神话（只是有的也许会缺少些说服力）。

就连“希腊神话最高神是宙斯”这一公认事实，甚至都会出现异议，有些地方的百姓提出：“我们信奉的最高神不是宙斯，而是太阳神阿波罗。”②希腊神话就是这么“自由随意”。

① 关于雅典的神话史料残存较多，因此难免出现以雅典为中心的描述。

② 阿波罗神谕所所在地狄杜玛、克拉罗斯。

为何最高天神会是宙斯

为什么宙斯能够成为希腊神话里至高无上的主神呢？

首先我们要从神话的角度为大家分析其中原因，原本统治整个天界的是被称为“提坦”的巨人族，最高神是他们的王农耕之神克洛诺斯[①]。克洛诺斯担心自己的孩子会夺取霸权，所以每当孩子出生，就会将他们一口吞进肚里。最后出生的宙斯，幸运地躲过了被吞噬的厄运。不仅如此，他还成功救出了被父亲吞进肚里的两位哥哥波塞冬与哈得斯，并与兄长联手推翻了残暴的父亲，这就是著名的“提坦大战”。

宙斯在阿卡迪亚[②]手持雷霆一举歼灭了提坦神族，使这里成为最终决战的舞台。

之所以将这里称作最终决战的舞台，是因为这片平原出土了许多史前时代的大象、犀牛的巨骨。古希腊人认为这些都是提坦（巨人）神族的骸骨，正因为宙斯在这里用雷霆击败了提坦神族，这里才会埋藏着如此之多的巨骨。

神话不仅产生于古代人们的想象力，现实生活中的自然现象以及地理也能成为缔造神话的素材。

大自然很好地诠释了“为何宙斯才是最高天神”的原因。

---

① 有时人们会将农耕之神克洛诺斯（Kronos）和与其发音相似的时间之神柯罗诺斯（Khronos）混淆。

② 如今的阿卡迪亚平原也是最易发生雷电天气的地区之一。

阿卡迪亚平原

希腊夏季炎热干燥，日照时间长，冬季多风暴，雷雨交加。在草原放牧不但要忍受干旱，还有突如其来的雷电暴风，在这令人惧怕的自然环境下，可以说，没有任何神比呼风唤雨的宙斯更适合最高天神的称号[①]。

古希腊人如此歌颂着：

“让我们来歌颂众神中至高无上的主神宙斯吧，他能让雷声响彻天地，他力大无穷成就一切事物，请施予我们恩惠吧……最荣耀之神，最伟大之神啊。”

（《宙斯赞歌》）

虽说将宙斯作为最高主神，是古希腊各个城邦为了自己方便做出的选择，但这丝毫不会撼动宙斯伟大神灵的地位，能够呼风唤雨的他，永远都是令人心生畏惧又无比尊敬的最高神灵。

① 关于神的出现与风土的关系，详见和辻哲郎《风土：人类学的考察》一书。

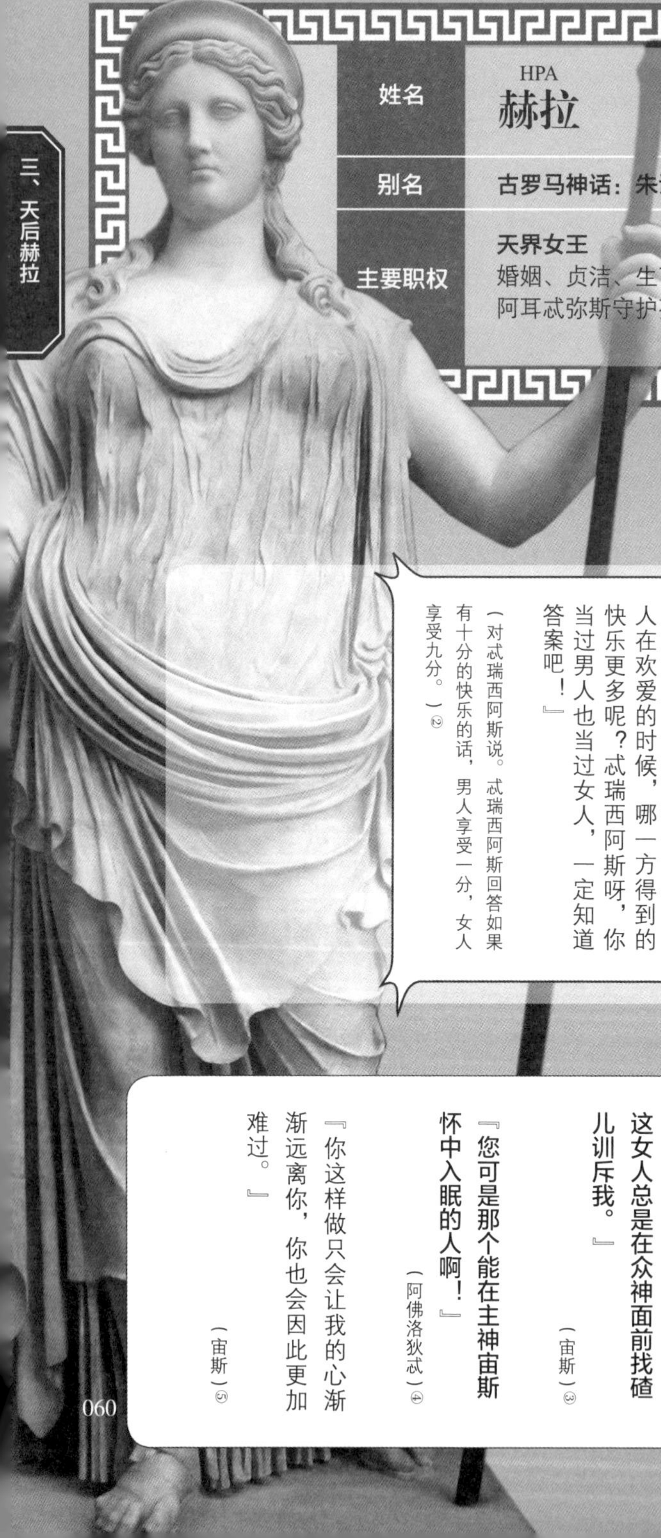

姓名	HPA **赫拉**	女性
别名	古罗马神话：朱诺（Juno）	
主要职权	**天界女王** 婚姻、贞洁、生育。赫拉守护产妇，阿耳忒弥斯守护孩子。	

赫拉名言

『我是克洛诺斯的女儿，出身自不用说，**还贵为众神之王（宙斯）的妻子，拥有至高无上的地位。**』

（对宙斯说道）①

『（因为和宙斯吵架）男人和女人在欢爱的时候，哪一方得到的快乐更多呢？忒瑞西阿斯呀，你当过男人也当过女人，一定知道答案吧！』

（对忒瑞西阿斯说。忒瑞西阿斯回答如果有十分的快乐的话，男人享受一分，女人享受九分。）②

周围人对她的评价

『托您（海之女神忒提斯）的福，赫拉又在对我恶言相向，我们又要开始吵架了……**这女人总是在众神面前找碴儿训斥我。**』

（宙斯）③

『**您可是那个能在主神宙斯怀中入眠的人啊！**』

（阿佛洛狄忒）④

『你这样做只会让我的心渐渐远离你，你也会因此更加难过。』

（宙斯）⑤

成为“英雄”（Hero）一词词源的婚姻女神

赫拉贵为最高神宙斯的妻子，是守护婚姻的女神。赫拉的罗马名字“Juno”（朱诺）是“June”（六月）一词的词源，“June Bride”（六月新娘）便由此得名，但古希腊的结婚季其实是冬天，宙斯与赫拉的婚礼也是在 1 月进行。

赫拉常给人因丈夫偷情而善妒、骄横的印象。实际上她却拥有比丈夫宙斯更高的地位，在古希腊的众多神庙中赫拉常被供奉在主神位上。

赫拉因其善妒、骄横的性格，常给人有意加害宙斯一众英雄儿女的印象，事实上英语中的“Hero”（英雄）一词源于希腊语“Heros”（半神），原本是“Hela”（赫拉）一词的阳性形式。

这反之也证明了，能够经受住赫拉折磨的宙斯子女们才是真正的英雄。

●女神用香油涂抹娇嫩的肌肤，亲自梳理发亮的鬈发，身着雅典娜精心为其缝制的华服，香气四溢……从头到脚都散发着优雅的光辉。崭新的轻纱如太阳般闪烁，就连穿着拖鞋的脚趾都难掩美艳的光芒。⑥

人物形象

头戴轻纱的威严女性。

宙斯、赫拉、彩虹女神伊里斯

代表圣物

王冠、顶端装饰着鲜花的权杖、宝座、伴其左右的彩虹女神伊里斯（也是赫拉的信使）。

金星（与阿佛洛狄忒共享）

动物：杜鹃、孔雀、母牛、狮子、仙鹤。

植物：石榴、柳树、莲花、乘坐孔雀牵引的车辇。⑦

【左】手持权杖的赫拉　【右】女神赫拉与普罗米修斯

生日	不详
出生地	萨摩斯岛河畔的柳树下。[⑧] 赫拉本人说："我最为喜欢的三座城市分别是：阿尔戈斯、斯巴达和迈锡尼。"[⑨]
家族构成	父亲：克洛诺斯 母亲：瑞亚 丈夫：宙斯 子女：阿瑞斯、赫菲斯托斯、赫柏（青春女神）、厄里斯（不和女神）
美称	牛眼天后、白臂女神、女王、婚姻女神、寡妇女王（在与宙斯闹别扭时的称号），等等。[⑩]
恋爱经历（女性）	无
恋爱经历（男性）	**赫拉无比贞洁！**[⑪]

阿尔戈斯的赫拉神庙（公元前7世纪~前5世纪）
阿尔戈斯为最大的赫拉朝拜圣地之一

①荷马《伊利亚特》第4卷57行；②因这一回答而羞愤不已的赫拉弄瞎了忒瑞西阿斯的双眼；③荷马《伊利亚特》第1卷518行。荷马《伊利亚特》第14卷168行；④荷马《伊利亚特》第14卷212行；⑤荷马《伊利亚特》第1卷561行；⑥荷马《伊利亚特》第14卷181行；⑦在亚历山大大帝之前，古希腊人从未见过孔雀，因此那之前赫拉的代表神鸟只是杜鹃；⑧鲍萨尼阿斯《希腊道里志》第7卷4章4节；⑨荷马《伊利亚特》第4卷51行；⑩在斯廷法洛斯市出现了"处女赫拉""成熟的赫拉""寡妇赫拉"三个不同的称呼。在与宙斯感情不和期间，赫拉回到这座城市，以"寡妇赫拉"自居。鲍萨尼阿斯《希腊道里志》第8卷22章2节；⑪凡人伊克西翁企图冒犯赫拉，引得宙斯大怒，将其置身于永远的痛苦之中。⑫鲍萨尼阿斯《希腊道里志》第9卷3章1节；⑬鲍萨尼阿斯《希腊道里志》第2卷38章2节。

神话里的主要经历

诞生	·在萨摩斯岛河畔的柳树下降生后不久就被父亲克洛诺斯吞入腹中，之后被宙斯救出。
成年期	与宙斯结婚，生下阿瑞斯。
	提坦大战
	·因宙斯独自生下女神雅典娜而愤怒不已的赫拉怒吼：“我也能自己生孩子。”然而生出的却是丑陋无比的赫菲斯托斯，一怒之下将赫菲斯托斯扔下了奥林匹斯山。具体内容参照赫菲斯托斯章节。
	·怒不可遏的赫拉又用沾有克洛诺斯精液的卵，生下了怪物堤丰。
	巨人族大战 ·赫拉险些被巨人族之人所侵犯，宙斯发动雷霆将她救出。 ·与波塞冬等人意图谋反，却以失败告终。受到惩罚的赫拉被锁链与重石捆绑倒吊在天界。
公元前 12 世纪	**特洛伊战争** 支持希腊一方。

※ 描写赫拉残忍迫害宙斯情人及其私生子的故事众多，例如惨遭赫拉毒手的赫拉克勒斯、伊俄、狄俄尼索斯等人。（但也有观点认为，正是因为赫拉执拗的报复，才造就了如此多的英雄）

主要朝拜地及朝拜仪式

·与宙斯的结婚纪念日（波塞冬月 27 日）

人们为赫拉神像换上新娘的服饰，将神像摆至放有婚床的圣域。希腊各地均会举行“圣婚仪式”。

·达厄达拉节

一日，赫拉又因丈夫的不忠被惹怒，离家出走去了埃维亚岛，任凭宙斯如何哄劝她都不听，于是宙斯便用计策骗她回家。他先做了个木头新娘，并为“新娘”戴上面纱，四处宣扬：“我就要和这个美丽的姑娘结婚了！”赫拉听到这个消息，立即赶到现场，气愤地撕碎木像身上的衣裳，却发现那只是一块木头而非新娘，宙斯趁机哄道：“什么婚礼都是假的啦，我亲爱的赫拉，我的心里只装得下你！”

赫拉娇嗔地答道：“你呀……”

为了纪念这次和解，这座城市每隔 7 年便会举行一次祭祀木像的达厄达拉节。[12]

·纳夫普利翁的卡纳索斯泉

相传赫拉每年都会去纳夫普利翁的卡纳索斯泉沐浴，以恢复处女之身。也有与此相关的秘仪。[13]

此外在萨摩斯岛和阿尔戈斯也盛行赫拉崇拜。

永不向宙斯屈服的赫拉

女神赫拉既是宙斯的姐姐也是他的妻子，是掌管婚姻与女性淑德的天后。提起赫拉，人们便会想到她那位称霸整个宇宙的天神丈夫，以及夫妻二人永无休止的争吵。有关她因丈夫多情而心生嫉恨不断复仇的故事更是不计其数，夸张程度堪比午夜言情剧。在她得知丈夫宙斯独自生下女神雅典娜时，曾一度狂怒不止。

> 赫拉："大家都来听一听啊，就在我的眼皮底下，宙斯居然自己生下了伟大的雅典娜女神！这对一位妻子来说是何等的奇耻大辱，我绝不会再踏进他的床铺半步！我也要无性受孕，还要生一个比雅典娜更厉害的孩子。"［《阿波罗赞歌（第三卷）号》］。

赫拉说到做到，不久便生下了怪物堤丰，堤丰的肆虐让整个宇宙不得安宁。[1]

另有一次，赫拉得知宙斯与女神勒托（阿波罗与阿耳忒弥斯的母亲）有染，怒不可遏的她命令大地诸神禁止为即将临盆的勒托提供帮助："凡为勒托提供生育场所者，我会让他永远

---

① 当赫拉生下这个怪物时已与宙斯和好，并且是她告诉宙斯除掉堤丰的办法。

怪物堤丰。下半身是毒蛇且身体几乎与整个宇宙大小相同

消失！”这使得勒托痛苦得到处东躲西藏，没有安身之处。

嫉妒心极强的赫拉，憎恨每一个与丈夫有过亲密接触的人，她利用自己的权力和地位惩罚那些女人和她们的子女。要么使其葬身火海，要么让牛虻追着他们叮咬，甚至有时会毁灭他们居住的整个岛屿，或是让他们的孩子变成疯子。诸如此类的复仇剧不胜枚举，在赫拉眼里就连又老又丑的山野女妖也有可能是勾引丈夫的美艳公主。

也许大家都在关注一次次阻止丈夫出轨的赫拉，以及她深深的仇恨，但请不要忘记，即便如此，她也从未向最高主神宙斯屈服，敢于和宙斯如此抗衡的，怕是只有赫拉了。甚至可以说赫拉的地位高于宙斯。奥林匹斯供奉着夫妻二人的神像，坐在宝座正中的是女神赫拉，而天神宙斯则像陪侍那样站在她的一旁。

在阿尔戈斯，坐在王座上的也是赫拉，宙斯则化身为一只杜鹃，停在赫拉的权杖上。如果我们将目光转向礼拜现场，就会发现在希腊许多主要的古老神庙，供奉的也多是赫拉。

提洛岛
最终，勒托在当时既非陆地，也非岛屿的浮岛提洛岛进行分娩

由此推断，赫拉才是希腊原住民崇拜的最古老主神[①]。主张宙斯为主神的一派人马，在入侵成功之后，强行将赫拉纳入自己的神话规则。强大的女神赫拉并不会轻易向宙斯屈服，即便是在以宙斯为主神的新规则下，仍旧与其保持正室妻子的对等地位。之所以能够这样，是因为赫拉拥有悠久森严的宗教根基，以及她不屈从于新晋男神，不甘于被淘汰的精神。

宙斯与赫拉的浪漫爱情神话

读到这里，想必大家一定觉得，天后赫拉与天神宙斯是一对关系极不融洽的夫妇，实则不然，他们之间其实也有不少浪漫的爱情故事[②]。最著名的当属叙事诗《伊利亚特》中一段浪

① 在神话当中赫拉也是“克洛诺斯最年长的神”。

② 宙斯与赫拉吵架的神话故事虽多不胜数，但两人浪漫的爱情故事也并不是没有。例如光是两人新婚初夜，就在萨摩斯岛欢度了整整 300 年。此外，赫拉每年都会去阿尔戈斯附近的处女泉沐浴，据说这里的泉水浸泡之后便能恢复处女之身，沐浴之后她便与宙斯重温新婚的快乐。

漫的描写。

> 当宙斯看到赫拉时，便无法掩饰内心的喜爱之情。赫拉成功捕获了心思细腻的男神。两人躲过父母的视线，偷偷钻进床铺，紧紧相拥在一起。
>
> 宙斯温柔地说道："亲爱的赫拉啊！无论是天上的女神，或是人间美艳的女子，没有谁能让我如此迷恋。只有你！将我的身体、我的灵魂全都掳走了。来，快躺下和我一起分享这份爱的喜悦吧。"
>
> 赫拉答道："您在说什么啊？在这种地方（伊达山山顶）享受爱的喜悦，会被众人看个精光的。非要现在的话，不如我带您去寝室吧。"
>
> 宙斯连忙答道："不用了，我这就命令金云来为我们遮挡，谁也看不到。"说着宙斯一把将妻子揽入怀中，金灿灿的祥云将他们团团围住，亮闪闪的露珠从云里缓缓滴落。（《伊利亚特》第 17 章）

然而，这种种浪漫情节也只不过是赫拉为了诱惑宙斯使用的计策，为的是达到自己的目的。赫拉一面饱受宙斯处处留情的困扰，一面不屈不挠地与之抗衡。时而与之对等，时而凌驾其上行使王权，这正是赫拉的魅力所在。

姓名	ΠΟΣΕΙΔΩΝ **波塞冬**　男性
别名	英：涅普顿（Neptune）；罗：尼普顿（Neptūnus）
主要职权	**大海之王、守护航海安全。** 守护大海、河流、泉。掌管洪水、干旱、地震、海难、癫痫。引起人类疾病发作（如同引发地震一样引得人们心绪紊乱）。[1]

波塞冬名言

『既然我已经决定要出手，就不必再做无谓的争论。我要让爱琴海波涛翻涌，要让米科诺斯的海滨、得洛斯的岩石……卡佩莱乌斯的海礁上布满人类的尸体。愚蠢的人们，你们肆意毁坏街道、扰乱神庙以及神圣的墓地。这些错误致使你们必须亲眼看着自己的世界走向灭亡』。

（面对雅典娜的建议，正要惩罚人类的波塞冬说道）[2]

『阿波罗，动手吧！我年长，经验比你多。所以让你先来！』

（与阿波罗对立时说道）[3]

周围人对他的评价

『能够撼动大地的神啊！要是我为了人类与你作战。你一定会觉得我疯了吧！……一定会反问我难道就为了这转瞬即逝的区区人类吗？』

（阿波罗在与波塞冬意见相悖时说道）[4]

『波塞冬你这怪家伙，竟要为一个女人引发战争？』

（赫拉克勒斯）[5]

引发地震、海啸乃至神经疾病的疯狂海神

古希腊深受地震和海啸的困扰，这更凸显了波塞冬极具强大的神格。古代人们常认为，地震、海啸是因激怒海神波塞冬而引起的。

波塞冬是能够利用自然威胁人类的神，性格粗暴且好色。

他能够令人疯狂（引发癫痫）甚至引发海啸。与之相对，又不断开拓新的岛屿、平复波涛、保佑航海安全。

波塞冬，原本是远离大海的陆地之神，被宙斯驱逐才无奈掌管大海。

与雅典娜对峙的波塞冬

●『头发漆黑的海神站在众神的最前面……』⑥

●『手持三叉黄金戟，率领海豚，镇守在苏尼翁海峡的波塞冬。』⑦

人物形象

青黑色（或漆黑色）头发的大叔。

代表圣物

三叉戟、大海、松枝冠

植物：松树

动物：马、野鸭、海豚等。

在海水里奔驰的马，乘坐海马（上半身是马下半身是海豚）牵引的马车。

【左】手持三叉戟的波塞冬　【右】与巨人作战的波塞冬

生日	不详。圣日为每月 8 日。
出生地	生于罗得岛，居住在尤波亚岛的埃盖近海海底。
家族构成	父亲 / 克洛诺斯（次子） 母亲 / 瑞亚 妻子 / 海之女神安菲特里忒 子女 / 忒修斯等
美称	震撼大地之神、支撑大地之神、航海守护神、马匹之神、培育植物之神
恋爱经历（女性）	**赶超宙斯、阿波罗的头号多情男神。** ・得墨忒耳 对丰收女神得墨忒耳穷追不舍，得墨忒耳为躲避追赶变成一匹马，波塞冬也变成一匹马，并强行占有了得墨忒耳。由此诞下神马阿里翁 。[8] ・对阿佛洛狄忒、大地女神盖亚等众多女神下手。还曾与阿波罗一同向赫斯求婚，但遭拒绝。
恋爱经历（男性）	・涅里忒斯 波塞冬将美少年涅里忒斯掳为自己的车夫，太阳神赫利俄斯也为涅里忒斯的美貌倾倒并向他告白，遭到拒绝后怒将少年变为贝母海螺。[9] 另有珀罗普斯、帕特洛克罗斯等。[10]

厄吉那岛（现：埃伊纳岛）的阿波罗与波塞冬合祀神庙
波塞冬与阿波罗交好时曾在这里一同接受人们的朝拜。人们曾认为这里原本是阿佛洛狄忒的神庙，后来，这里出土了刻有波塞冬与阿波罗名字的铭文石碑。就像这样，多数希腊神庙很难从外观判断归属于哪位神灵，所以搞错神庙的情况也常有发生

神话里的主要经历

诞生	·刚出生就被父亲克洛诺斯吞入腹中，直到宙斯相助一直在父亲腹中度过。⑪
成人期	**提坦大战**（参见宙斯履历书）
	·四处寻找能够适应深海生活的新娘，向海之女神安菲特里忒求婚，但遭拒绝，安菲特里忒躲进了阿特拉斯山。波塞冬使用怀柔政策又是送礼又是派人游说，最终娶得女神。
	·与赫拉、阿波罗一同谋划推翻宙斯，计划失败后，与阿波罗一同被贬为凡间奴隶修建特洛伊城。
公元前 12 世纪	**特洛伊战争** 波塞冬加入希腊一方参战。

主要朝拜地及朝拜仪式

·因是海神的神庙，所以多位于海岸线或大海附近。

·人们在出海之前都会向波塞冬献供盛装的马匹（将马扔进大海溺死）。

·曼提尼摩斯波塞冬神庙
这所神庙既不允许任何人进入，也不允许任何人窥视，神庙周围用一根根细细的羊毛围住。传说，曾有不法者剪断围栏闯入神庙，因而惹怒海神激起波涛弄瞎了他双眼。⑫

· 伊斯特摩斯竞技会
这是在科林斯举行的古希腊第三大赛事，是为了祭献海神波塞冬所举办的竞技会，胜利者会被授予松枝冠（古时曾用西芹叶为冠）的荣誉。

① Hippocrates,On the Sacred Disease,fr. ②欧里庇得斯《特洛伊妇女》88 行；③那之后阿波罗向波塞冬表示敬意后不战而退。荷马《伊利亚特》第 21 卷 436 行；④荷马《伊利亚特》第 21 卷 462 行；⑤此处的“一个女人”暗指“统治权”。阿里斯托芬《鸟》1637 行；⑥荷马《伊利亚特》第 20 卷 144 行；⑦阿里斯托芬《骑士》559 行；⑧鲍萨尼阿斯《希腊道里志》第 8 卷 25 章 7 节；⑨ Aelian,On Animals,14.28. ⑩ Photios I of Constantinople, Bibliotheca 190. ⑪另有一版本说，母亲瑞亚在生下儿子波塞冬之后随即将他藏入羊群，躲过了被父亲吞噬的厄运。鲍萨尼阿斯《希腊道里志》第 8 卷 8 章 2 节。⑫鲍萨尼阿斯《希腊道里志》第 8 卷 10 章 8 节。

波塞冬的暴虐神话

当我们读完宙斯和阿波罗的情感故事（无论男女）怕是会感慨：“应该没有比这二位更精力旺盛的神了吧！”您要是也这么想，那可就大错特错了。在古希腊，远超宙斯与阿波罗，位列花花公子排行榜榜首的当属海神波塞冬。①

海神波塞冬代表着无情肆虐的大自然，他时常会引发海啸、洪水、地震，是众神当中真正会对大地施展“性与暴力”的男神。说到与波塞冬相关的神话，不得不提的便是土地所有权争夺大战，以及后来他逆袭成为英勇战神的故事。

一日，为争夺雅典的守护权，波塞冬与女神雅典娜对峙起来。两人都想成为奥林匹斯山脚下这座要塞城市的主宰。波塞冬为了显示神力，将自己的三叉戟一把扎在卫城的山丘上，致使海水喷涌。他兴奋地叫喊着：“瞧！我如此神力！雅典理应由我守护！”

女神雅典娜见状反问道：“请问您这海水倒灌的技艺，对雅典的民众有何益处？在这里凿山引海，只会给人们带来灾难。如果是我，会给人们有用的东西。”说着在波塞冬引来的海水旁种下了第一株橄榄树。雅典最初种植橄榄树的地方，如今仍

① 由波塞冬掌管的自然具有粗暴的一面，人们将这结合在男性能力及农作物的丰收上，因此在祭祀波塞冬时常常会出现与性具相关的祭品。

种有橄榄树。

雅典市民纷纷称赞："橄榄可比海水好多了！还能食用，我们支持雅典娜，请您做我们的守护神。"

遭到拒绝的波塞冬勃然大怒，将洪水引入雅典城内，淹没了雅典西面的多利亚细亚平原，这也是史上真实存在的洪灾。

另一日，波塞冬与女神赫拉就阿尔戈斯市的所有权起了争执，这次仍以失败告终。最高主神宙斯呵斥波塞冬说道："你应该很清楚，若再制造洪灾，会引来怎样的后果！"宙斯的话让波塞冬气愤不已，"可恶！不让我用洪水泄愤，那我就制造干旱来对付这些愚蠢的人们！"于是他施法让阿尔戈斯所有的河流都枯竭了。传说自那之后，只有宙斯施雨，阿尔戈斯的人们才能有水可喝。

海神波塞冬像这样因自己犯错却大发雷霆，施虐于他人的神话故事可谓数不胜数[①]。

神也要随行就市

为何这位海神大叔骁勇善战，却总以败北收场呢？这也许与他的信仰历史有关。波塞冬原本并非海神，而是迈锡尼时代地位最高的重要主神[②]。却因宙斯的镇压，权力日渐减弱，最

① 与雅典娜的特罗曾城之争、与宙斯的埃伊纳岛之争以及与狄俄尼索斯的纳克索斯岛之争，等等。

② 迈锡尼时代的路牌上标识最多的便是波塞冬的名字。

终被驱逐到了大海。[①]

但后来出现了转机，自公元前 5 世纪起，雅典再次盛行信奉海神波塞冬[②]，这是因为当时爆发了希波战争，海军及制海权的重要性得到了提升，“海神”随之得到重视。

在古希腊，神的地位是会随着社会政治形势而改变的，这让人不禁感叹，即便是高高在上的神也需要随行就市。

① 波塞冬常常因领土与人发生纷争，但对阿波罗却爽快地让出了领地（德尔斐）。蛮不讲理的破坏之神波塞冬竟与道德至上的文明之神阿波罗是朋友，这不禁让许多人大跌眼镜。现实中波塞冬与阿波罗的组合却时常出现在壁画或神话故事里。这被解释为，人类有时会用二者的亲密关系，来表达自己已摆脱自然威胁获得文明的事实。

② 例如在人们创造的新版神话故事中，甚至将波塞冬设定为雅典当地英雄忒修斯的父亲。

专栏 4

古希腊的地震预测及抗震技术

希腊有多处据推测震级在 7 级以上的古时地震及海啸的遗迹。[①] 古希腊人认为地震和海啸均是由海神波塞冬引起的。因为非常惧怕，所以想出了各式应对方法，接下来我们就一起看看古希腊人对抗地震的方法。

古希腊的地震预测

气象异常预测法。当出现不同常年的降雨、日照、暖冬、冷夏等情况时。

天体异常预测法。当太阳的颜色发红或带黑，或是观测到较大的流星时。

大地异常预测法。震源地附近的泉水枯竭，或由于暴风引

① 哲学家柏拉图曾说“传说中的亚特兰蒂斯大陆是因地震和海啸一夜间消失”。就连如今著名的旅游胜地圣托里尼群岛，在公元前 17 世纪火山爆发之前，也曾是一座大的岛屿。

起的树木干枯、大地轰鸣等。

公元前 373 年冬 赫利克地震

现实城市赫利克曾遭遇古希腊最强地震[①]，自此消亡。也正是这次地震让这座城市为世人所知。

“大海与地震的统治者波塞冬突然大怒，整个大地为之震颤，与地震一同爆发的海啸致使赫利克市[②]诸多民众丧生。地震让这座城市与陆地分离，其间隔长达两公里。不仅如此，海水也开始肆虐，瞬间侵蚀了大半座城市，寒冷冬季的街道最终完全沉入了海底。是神让这座城市从人类世界彻底消失了。”（鲍萨尼阿斯《希腊道里志》第 7 卷 24 章）

古代的抗震技术

面对如此的天灾人祸，古希腊人并非毫无抵抗。例如许多神庙都会采用的圆柱状鱼卷形立柱[③]设计，就是很好的减震措施。由此产生的柔软性及平衡性使建筑即便在大的地震中也不易倒塌（最下面的石柱稍向右倾斜，紧挨着的石柱则向反方向

---

① 古希腊人根据地震的强度将其分为以下三类：Ⅰ级——当发生地震时，神庙的圆形立柱、房梁、墙壁会倾斜或出现裂痕，但余震会使其恢复到原来的位置（神庙因其原有的抗震技术而不会倒塌）。建筑不会遭到破坏。Ⅱ级——构造简单的建筑会因地震坍塌，其他建筑也会逐渐倒塌。Ⅲ级——引起地基变形的地震。城市整体遭到破坏。海啸及地壳变动导致整个城市被吞噬。

② 很长一段时间人们都无法找到因此次地震而消失的城市，直到 2001 年终于在科林斯湾沿岸发现了这一城市的遗迹。值得一提的是，1817 年在同一地点也曾发生过地震与海啸，造成了严重的灾情。

③ 神庙圆形立柱。

倾斜。如此反复便可以保持最佳的平衡状态）。正是有了这样的防震构造，帕特农神庙才能历经 2000 多年的风雨（频发地震海啸等）仍屹立不倒。

姓名	AΘHNA **雅典娜** 女性
别名	罗马神话：弥涅尔瓦（Minerva）
主要职权	**战争、军事谋略、守护英雄、织布、**技艺、智谋、畜牧、航海术、造船术、建筑、纺织、瓦工……

雅典娜名言

『愚笨的家伙，竟要与我一较高低。你怕是不知道，我有多么强大的力量吧！』

（对阿瑞斯说道）①

『你真是个可爱的男子，不像阿瑞斯那样莽撞，不！何止阿瑞斯，你比众神都乖巧，我要一直袒护着你。』

（对英雄狄俄墨得斯说道）②

周围人对她的评价

『就让胜券在握的雅典娜和阿瑞斯对战，这样阿瑞斯总能尝到苦头了。』

（宙斯）③

『父亲大人（宙斯），自打您生了那个莽撞的野丫头，就不对劲儿了。奥林匹斯众神之中，除她以外无一不臣服于您，您怎么就对她不打不骂、不管教呢，难道就因为她是您一手造就的宝贝女儿吗？』

（阿瑞斯向宙斯怒斥雅典娜）④

下得厅堂，上得战场，甚至会做泥瓦工的古代全能女神

在漫画《圣斗士星矢》中守卫人类家园的女神雅典娜，现实中并非深爱所有人类，也会偏袒英雄，也会选择性地予以保护。即便如此她也是最受古希腊人爱戴、遵从的神之一。

现代希腊首都雅典因她得名，颇具盛名的世界遗产帕特农神庙与她有着密不可分的关系。雅典娜自古至今都是希腊的守护神。

战神阿瑞斯是她的手下败将，原因是她拥有阿瑞斯没有的“智慧”。她不仅是战场上的英雄，还掌管着纺织、造船、建筑等多个领域。

●她脱下自己亲手缝制的精美绣裙，换上贴身素服，悲泣不已地前去迎战。为自己配上武器装备的雅典娜，先是在肩头披上垂穗的埃癸斯神盾，神盾周围具有威吓、战斗、强壮和追击四种神性力量，中间还有可怕的女怪戈耳工的头。雅典娜头戴绘有两角、四星、数百名勇士的黄金盔冠。手持长矛，乘坐烈火般闪耀的战车。⑤

人物形象

有着明亮双眸（灰蓝色）的金发女性。身着垂至脚面的战服。

代表圣物

神盾（埃癸斯，用山羊皮制成，中间是美杜莎之首）、金盔、铠甲、长枪、胜利女神奈基常伴其左右。

动物：猫头鹰。

植物：橄榄树。

【左】手托胜利女神奈基的雅典娜　【右】身着戎装的雅典娜

生日	赫卡托姆拜昂月（百牛大祭月）27日。圣日为每月3日。
出生地	利比亚的妥里通湖
家族构成	父亲：宙斯（因雅典娜有着和波塞冬一样明亮的双眸，有说她的父亲是波塞冬）⑥

美称	处女神、明眸神、护城女神、阵前旗神⑦、颅生女神，等等。
恋爱经历（女性）	无
恋爱经历（男性）	**雅典娜为处女神** 赫菲斯托斯的精液溅到她的脚上，使她生下了儿子厄里克托尼俄斯。因此希腊部分地区认为雅典娜并非处女神。

雅典卫城
（帕特农神庙）

雅典卫城是希腊最著名的世界遗产，主要祭祀的就是雅典娜。当时建有巨大的雅典娜神像，据说在大海上也能眺望到这尊雅典娜神像。

①荷马《伊利亚特》第21卷410行；②荷马《伊利亚特》第5卷826行；③荷马《伊利亚特》第5卷769行；④荷马《伊利亚特》第5卷870行；⑤荷马《伊利亚特》第5卷733行；⑥鲍萨尼阿斯《希腊道里志》第1卷14章6节；⑦神话中有说，帕拉斯是雅典娜儿时的好友，不慎被雅典娜误杀，为了纪念好友雅典娜自称“帕拉斯·雅典娜”。⑧赫西俄德《神谱》886行；⑨Suidas s.v Arrenophorein,Peplos, Panathenaia. Callimachus, Fragment 122, etc. ⑩Suidas s.v. Plynteria.

神话里的主要经历

诞生	出生于父亲宙斯的头颅。宙斯吞下智慧女神墨提斯之后头痛难忍，随即劈开头颅，雅典娜便戎装从中走出。[8]
年幼期	由河神特里同抚养长大。特里同之女帕拉斯是她的玩伴，二人常一起练习格斗。一次不慎误杀了帕拉斯，之后便用好友名字自称“帕拉斯・雅典娜”。
成年期	**与巨人族之战** 雅典娜联手宙斯击败了巨人族。
	・与波塞冬争夺阿提卡（雅典）所有权，雅典娜获胜。 ・与波塞冬就特罗曾所有权展开争夺，最终二人共有了这块土地。
	・赫菲斯托斯将精液溅在雅典娜脚上 因此生下半身蛇形的儿子厄里克托尼俄斯，雅典娜将厄里克托尼俄斯关进箱子，交给雅典国王的女儿阿格劳洛斯，并嘱咐绝不能看里面的东西。但阿格劳洛斯忍不住好奇打开了箱子，一看到半蛇身的婴儿就吓疯了，一跃从卫城跳下。 乌鸦将此事告诉了雅典娜，她悲痛不已随手从建造城墙的石材车上取下一块巨石抛出，成为如今雅典的吕卡柏托斯山。 雅典娜由此迁怒于传递消息的乌鸦，将其白色的羽毛变为黑色，并下令不得再次接近卫城（如今的帕特农神庙附近也没乌鸦的踪迹）。
公元前 12 世纪	**特洛伊战争** 力挺希腊、多次助攻。

※ 帮助英雄赫拉克勒斯及珀尔修斯开启冒险之旅。
・在与凡间女子阿拉喀涅（Arachne）的纺织比赛中败北，愤怒之下将阿拉喀涅变为蜘蛛（希腊语“蜘蛛”一词就来自阿拉喀涅的名字）。
・发明笛子、喇叭、马缰绳、战车、船等。

主要朝拜地及朝拜仪式

・雅典娜诞生祭（百牛大祭月的 27 日开始，持续 3 天）
人们挑选多名处女为雅典娜神像编织衣物，为雅典娜创作生日歌并唱诵，并举行划艇比赛及各种比赛，以庆祝雅典娜诞生。用陶壶作为纪念品。[9]

・雅典娜神庙清扫祭萨尔格里昂月
人们为雅典娜神像脱下外衣，只有被选中从事清扫工作的处女才能看到雅典娜的裸身像。因为守护神雅典娜直到傍晚才会回来，所以人们认为这一天诸事不宜。[10]

上得了战场，当得了织女，甚至会炼油的万能女神

女神雅典娜是战争与智慧的象征。相传她诞生时，一身戎装，呐喊着从宙斯的脑袋里走出①。成年后的她骁勇善战，不仅顺利赢得城市守护神的称号，还多次帮助其他神话英雄战胜对手。

对于雅典娜，人们都认为她虽为女儿身，却丝毫不比男人逊色。就是这样的女中豪杰也是哭着脱下自己亲手缝制的漂亮衣裙，丢在父亲寝宫的地上，满脸泪水换上戎装，备齐了武器冲向等待她的战场。

雅典娜不仅能很好地完成像纺织这类当时女性的工作，就连带兵打仗这类专属于男人们的使命，她也干得样样精彩。在整个古希腊能将男女的优势都淋漓尽致展现出来的便是女神雅典娜。

不仅如此，她还掌管艺术、技艺、智慧、饲马术、骑术、航海术、造船术、建筑、纺织，乃至油漆、炼油。人们甚至感慨：“女神啊，您不必样样事情都做得如此完美！”这就是全人类工作的守护神雅典娜。

---

① 一日，宙斯在妥里通湖畔散步，突然头痛难耐，“也许是前些天吞下了智慧女神墨提斯，才让我如此头痛难忍！”宙斯疼得放声哭喊，那声响震彻整个天界，他冲锻造之神赫菲斯托斯喊道：“我的头！痛得要炸开了，快用你的斧子将我的头劈开！”老实的赫菲斯托斯爽快答应了天神的要求，对着宙斯的脑袋就是一斧，战争女神雅典娜由此诞生。

宙斯在宝座上正襟危坐，身着戎装的雅典娜由他的脑袋诞生出来

究竟哪座城市最得女神雅典娜的宠爱

如此靠谱的女神雅典娜，自然得到古希腊人的追捧，就连女神的诞生地也引来众人争抢。

得知伟大女神雅典娜即将降生，各个城邦纷纷忙碌起来，“我们一定要争取到雅典娜诞生地的美称！”“我们要建希腊第一座雅典娜神庙，伙计们，加把劲儿！”人们呐喊着开始了如火如荼的女神诞生地争夺大战。罗德岛抢先一步建成了神庙，岛民们欢呼道：“太棒啦！我们终于抢到了雅典娜女神！只等神庙前的首次供奉了！”话音未落便出了差池，忙乱中，罗德岛的民众竟忘了准备祭祀时必需的火种[①]，如此低级的错误，给了对手机会。就这一瞬的工夫，另一座城市也建成祭祀用的

① 这也成为人们解释为何罗德岛在雅典娜的祭祀大典上没有准备火源的一种说法。在罗德岛的林德斯市，并没有焚烧祭品祭祀的习惯，人们为雅典娜祭祀准备的也都是他们惯用的点心、水果类供品。

神庙，并迅速完成了首次供养仪式，这便是雅典市。

如此一来，雅典便成为雅典娜的诞生地，雅典人认为他们是希腊众多城邦中，最得女神喜爱的一个。虽说这一切只是雅典市的一面之词，然而雅典娜与雅典城，正如同“雅典娜”与“雅典”这对相似的名字一样，确实有着深厚的渊源。甚至有人认为“雅典娜”这一名字，本身就有“雅典市女神”的含义。

在所有神中，雅典人最为崇拜的就是女神雅典娜，雅典城随处可以听到“雅典娜最偏爱的就是我们”。

但当我们将目光移向其他城市，关注那里的雅典娜神话便会发现，“她并没有特别偏爱雅典这座城市，其他城邦的许多英雄同样得到了她的喜爱”。类似这样的神话随处可见，但每座城市都认为雅典娜最偏爱自己的城市。

由此可见古希腊神话特有的地方性，以及古希腊人们对雅典娜的崇拜程度。

专栏 5

浮雕中出现的人物为何具有选择性

本书封面上印着的，是厄吉那岛阿菲亚神庙门楣上的浮雕，浮雕描绘着特洛伊战争中指挥群雄的女神雅典娜。

以雅典娜为中心的门楣浮雕上，绘集着特洛伊战争中的各路英雄豪杰，如阿喀琉斯、埃阿斯等。最左边的人物手中握着一枚印有雄鹰图案的盾牌，古希腊语中，以鹰图案为象征的英雄人物应该是埃阿斯，因为埃阿斯（Aias）的名字取自古希腊语的“aietos”（鹫）一词。正是因此，我们才能从没有任何信息记录的神像中断定他们分别是谁。

人们看到这一浮雕便会发现，上面描绘的均是与厄吉那岛相关的英雄人物。而在特洛伊战争中立下汗马功劳的勇士狄俄墨得斯却未曾出现在这幅画里。这是人们为了显示“得到雅典娜女神守护，最勇于战斗的，并不是雅典市，也不是其他成员，而是我们厄吉那岛的英雄”才有意刻画的。

由此可见，就连对特洛伊战争的描写，古希腊人也不忘反映地方特色及政治色彩。

姓名	ΗΦΑΙΣΤΟΣ **赫菲斯托斯** 男性
别名	罗马神话：伏尔甘（Vulcan）
主要职权	**锻造、金属加工、铁、火**、火灾、森林大火、火山、建筑、木工，其他手工艺

赫菲斯托斯名言

『阿瑞斯既有英俊的面庞也有健全的手足，而我却天生残疾。这一切都归功于那世间少有的奇葩父母。**他们为什么要生下像我这样的家伙！**』①

『无论多么难受都请您忍着吧，我的母亲大人。我不愿眼睁睁看着心爱的母亲大人痛苦。看着您痛苦，无论我多么心疼，也无能为力啊！』

（对母亲赫拉说道）②

周围人对他的评价

『提起我（赫拉）生的孩子中最丑陋的一个，那就当属瘸腿的赫菲斯托斯了，我抓住那孩子的双手将他扔进了大海。』

（母亲赫拉）③

『可千万不能干坏事。这不，奥林匹斯众神里跑得最快的阿瑞斯，却被慢吞吞的瘸子赫菲斯托斯抓个正着。赫菲斯托斯真不愧是出了名的能工巧匠，腿不利索，手艺却是一流的。』

（看着掉进赫菲斯托斯陷阱里的阿瑞斯，众神们如是说道）④

『从前，人们都像野兽一样住在山洞里，多亏了巧匠赫菲斯托斯，人们跟着他学习各种手艺，搭建各自的家，过上了安逸的生活』

（诗人）⑤

被人蔑视的丑陋锻造之神，凭借技艺打破困境，理想的匠人形象

赫菲斯托斯是美丽众神中的例外，不仅相貌丑陋还天生残疾，常以手持拐杖的形象示人。这是因为古希腊从事锻造的工匠多因砷中毒造成皮肤溃烂，手脚麻痹。

他天生丑陋，在众神中地位极低，时常遭人轻蔑。即便如此他从不自弃苦练技艺，凭借手艺打破困境，内心极其强大。这正是古希腊现实社会中备受压迫的手工艺人们崇拜的对象。

●庞大的身躯喘着粗气，赫菲斯托斯拖着残腿从炼炉前站起身来。那条不会动的腿，随着身体来回晃动。他擦去手上、脸上、额头以及胸前的污渍，换上洁净的衣服，拄着拐杖拖着笨重的脚步走出冶炼坊。⑥

●天生丽质的众神们看着赫菲斯托斯喘着粗气，拖着脚步在屋里忙活，他滑稽的样子引得大家哄堂大笑。⑦

●人们（凡人）在赫菲斯托斯的神庙里，疯狂嘲笑他的神像。⑧

人物形象

外表丑陋，脚有残疾，手持拐杖。

代表圣物

金锤、钳子、库克洛佩斯（锻造助手独眼怪）

动物：驴子、仙鹤、看门狗

【左】赫菲斯托斯雕像

【右】为女神忒提斯制造武器的赫菲斯托斯

生日	不详
出生地	奥林匹斯（但刚一出生就被扔进了大海）
家族构成	父亲：无（也有说他的父亲是宙斯） 母亲：赫拉 妻子：阿佛洛狄忒，或优雅的女神卡里斯（阿格莱亚） 子女：厄里克托尼俄斯 好友：狄俄尼索斯[9]
美称	工匠之神、富有智慧的神、煤灰之神、跛腿神、拖腿神等。
恋爱经历（女性）	**·卡贝若伊** 利姆诺斯岛女神。与赫菲斯托斯生下许多长着蟹足（腿脚不便）的锻造之神，即卡贝若伊。[10] 因涉及二人的崇拜均属于秘仪，内容不得外泄，所以相关神话故事较少。 ·阿格莱亚、埃特娜等情人，以及因为将精液溅在雅典娜脚上，而生出儿子厄里克托尼俄斯。
恋爱经历（男性）	无

赫菲斯托斯的主要作品

·奥林匹斯众神神庙　用黄金和大理石为众神们搭建的居所，并为众神发明了能够自动运送食物的锅具。

·青铜巨人塔罗斯　守护克里特岛沿岸安全的青铜机器人。（古希腊人认为，正是因为有了青铜巨人塔罗斯的守护，克诺索斯宫殿才没有修建围墙。）

·德尔斐唱歌人偶　在制造阿波罗青铜神庙时，为其发明的人偶，这些少女外形的人偶会自动唱歌。

·潘多拉　用黏土创造的最早的人类女性形象。

·看不见的锁　为了捉住出轨妻子与其情人阿瑞斯而设置的机关锁。

·哈耳摩尼亚项圈　妻子阿佛洛狄忒出轨阿瑞斯生下女儿哈耳摩尼亚，赫菲斯托斯送给哈耳摩尼亚的诅咒项链。

神话里的主要经历

诞生	刚一出生，就因相貌丑陋被母亲赫拉丢下奥林匹斯山。海中女神忒提斯将他抚养长大。
9岁	赫拉得知自己的儿子还活着，于是为他建造了庞大的冶炼厂。
成年期	·为了报复母亲赫拉。他制作了一把精美的椅子送给母亲。赫拉一坐上去就被椅子上精巧的机关死死卡住，动弹不得，任谁也无法破解。儿子阿瑞斯试图用武力救出母亲，也以失败告终。众神纷纷开始游说：“赫菲斯托斯你不能对母亲这样！”赫菲斯托斯却说了句：“我从来就没有母亲。”便离开了奥林匹斯。 任谁劝说都无动于衷的赫菲斯托斯，只肯听朋友狄俄尼索斯的游说，在狄俄尼索斯的劝说下才重返奥林匹斯。（宙斯答应他，只要他肯重返奥林匹斯，便满足他的所有愿望，此时他提出希望得到美神阿佛洛狄忒或战神雅典娜。）⑪
	传说，宙斯与赫拉发生争执，赫菲斯托斯因替母亲赫拉说话惹怒父亲宙斯，宙斯将他从天界丢落到利姆诺斯岛，致使他残疾。
公元前12世纪	**特洛伊战争** 支持希腊一方。引火使斯卡曼德洛斯河干涸；为英雄阿喀琉斯制造武器。

主要朝拜地及朝拜仪式

· **利姆诺斯岛**（这里是赫菲斯托斯最喜爱的地方）⑫

· **圣火传递**

由数人组成的圣火接力队，最先到达终点的队伍获胜。该赛事在整个古希腊盛行。⑬

· **赫菲斯托斯神庙猎犬（西西里岛）**

西西里岛的赫菲斯托斯神庙当中圣树林立，灯火长明，并饲有猎犬。诚实之人进入神庙会有猎犬前来迎接，犯罪者进入神庙会遭猎犬哄咬。若是不忠淫荡之徒进入神庙则会被猎犬撵出去。⑭

①荷马《奥德赛》第8卷311行；②荷马《伊利亚特》第1卷 585行；③《荷马颂歌》“致阿波罗”（颂歌第3曲）315行；④荷马《奥德赛》第8卷328行；⑤《荷马颂歌》“致赫菲斯托斯”（颂歌第20曲）5行；⑥荷马《伊利亚特》第18卷410行；⑦荷马《伊利亚特》第1卷600行；⑧希罗多德《历史》第3卷37章；⑨鲍萨尼阿斯《希腊道里志》第1卷20章3节；⑩希罗多德《历史》第3卷37章；⑪许癸努斯《希腊神话集》166节；⑫荷马《奥德赛》第8卷267行；⑬希罗多德《历史》第8卷98章2节；⑭ Aelian, On Animals11.3.

赫菲斯托斯的悲惨境遇

伟大匠神赫菲斯托斯有着无人能敌的精湛手艺。他不仅制造出直到21世纪都未能实现的可思维机器人，还发明了能用遥控器操控的无线物品传送系统。他打造的饰品就连巴黎时装展顶级设计师也会甘拜下风。

赫菲斯托斯制造出一件件令人赞不绝口的精美作品，这样一位能工巧匠的人生，却如同悲情剧里的女主角一般的坎坷不平。

让我们先从他的出生说起，刚一生下他的母亲赫拉如此感慨：

> 说起我的孩子，各个样貌出众才华横溢，唯独赫菲斯托斯丑陋无比，腿脚还不灵光[①]。我抓起那孩子的双手，一把将他扔进了大海。听说是海洋女神忒提斯救了他，并把他抚养长大。忒提斯女神要也能像这样帮助其他众神该多好。[《阿波罗赞歌（赞歌第三篇）》314行及之后]

---

① “锻造之神腿脚不好”的神话不仅是在希腊，就连非洲西部、斯堪的纳维亚半岛也有类似传说。相传之所以腿脚不好，一说是为了防止工匠们逃跑或叛敌，故意将他们的腿打断；也有说法称可能是在隐喻有害金属导致的中毒症状。

不仅如此，可怜的赫菲斯托斯有时还会卷入父母间的争吵，一次，他因为袒护母亲赫拉，引来父亲宙斯的不满，便被他从奥林匹斯山顶狠狠地扔向利姆诺斯岛[①]，这让他险些丧命。

而妻子阿佛洛狄忒与弟弟阿瑞斯的越轨行为则更加凸显了赫菲斯托斯的悲惨。

> 赫菲斯托斯说："妻子瞧不上丑陋的我，竟与我那暴虐的弟弟相爱，就是因为阿瑞斯比我有颜值、有身材吗？！可这丑陋的样貌也不是我的过错啊，那都怪我的父母！要是他们不生我出来该有多好！"

宴会上，宙斯安排跛腿的赫菲斯托斯为大家斟酒，丑陋的赫菲斯托斯，走路一跛一跛的滑稽样，常引得众神大笑。赫菲斯托斯完全被当成小丑看待，在众神的世界里，他遭受着非常残忍的对待。

为何赫菲斯托斯的遭遇会如此悲惨呢？那是因为贵族式的希腊神话世界根本容不下地位低贱的锻造者。

作为职业匠人，锻造者们为众神提供必要的帮助，但却得不到应有的尊重。在古希腊，赫菲斯托斯并未被列入奥林匹斯

---

① 利姆诺斯岛是赫菲斯托斯最大的朝圣地之一。他的锻造厂多位于火山附近，而利姆诺斯岛就曾是一座火山岛，据说这里常有火山灰覆盖。自利西亚至西里西亚一带的火山群，以及西西里岛附近的利帕里诸岛等，赫菲斯托斯信仰均与火山岛有着深厚的渊源。

十二主神之列，是犹如乌托邦（阿卡迪亚）一般的存在。

凭实力扭转局面的神

即便遭到众人的嘲笑，赫菲斯托斯仍坚持，用自己精湛的技艺与过人的智慧不断战胜残酷的现实。

面对妻子阿佛洛狄忒的背叛，他忍着怒火抄起家伙，在床上安装了隐形锁链，将出轨的妻子与其情人阿瑞斯捉了个现行。为了报复抛弃自己的母亲，他打造了一把精美的黄金座椅，并在座椅上装了机关，当天后赫拉落座黄金椅便被牢牢捆住。

赫菲斯托斯将自己关进冶炼厂，开始大规模地罢工。使得武器、神庙、装饰品的修造陷入了停工状态，众神们束手无策。

任谁来劝说，他都不肯复工干活。那些曾经嘲笑他的人上门游说，他只避而不见。赫菲斯托斯唯一信任的便是酒神狄俄尼索斯（因其总站在弱者一方），酒神将赫菲斯托斯灌醉后说服他回到了奥林匹斯山。①

就像这样，古希腊神话通过赫菲斯托斯的故事，显示了“过于小看锻造者（身份低下的人），就一定会尝到苦头”。

赫菲斯托斯并不是人们争相崇拜的神。然而正如匠人们在贵族社会中用自己的技术和智慧与命运抗衡一样，赫菲斯托斯

① 经酒神狄俄尼索斯的劝说，最终回到奥林匹斯山的赫菲斯托斯由于腿脚不便，总是倚靠着半羊人萨提罗斯。

如今仍保留着的赫菲斯托斯神庙

也在用自己的双手打破僵局，成为颇具实力的神。

有些城邦甚至不去崇拜赫菲斯托斯，与之相对，在匠人备受尊敬的雅典他却受到了人们的追捧。

广场附近的赫菲斯托斯神庙聚集着来自各地寻求庇护的信徒。在火神赫菲斯托斯的祭祀仪式[①]上，甚至举行了与奥林匹克运动会相同的火炬传递仪式。

① 在赫菲斯托斯的祭祀活动中经常举行圣火传递仪式，人们传递火把，最先到达终点的队伍获胜。雅典曾举行过赫菲斯托斯祭典等多个祭祀赫菲斯托斯的大型活动。

姓名	ΑΡΗΣ 阿瑞斯	男性
别名	罗马神话：玛尔斯（Mars）	
主要职权	**战争、毁灭、战斗、**守卫城市、勇气、掠夺、叛乱、市民暴动、山贼、强盗、杀人	

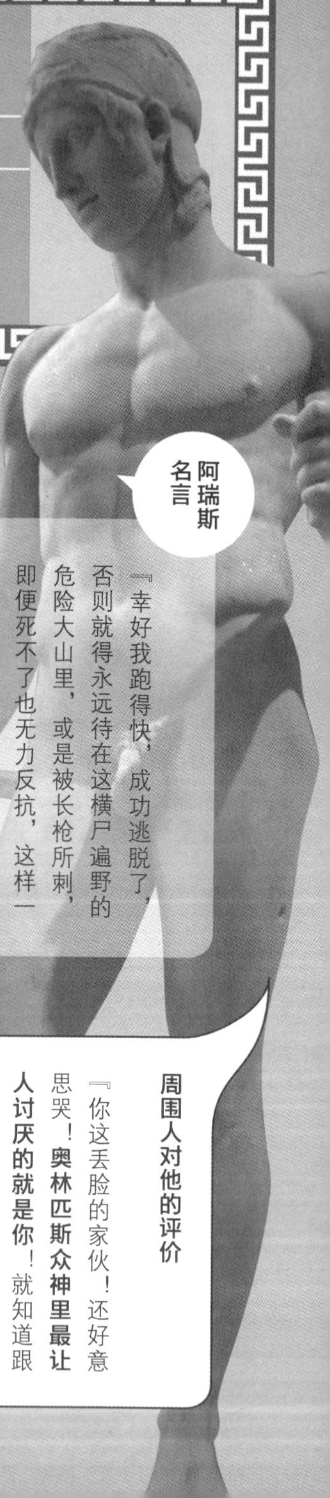

阿瑞斯名言

『幸好我跑得快，成功逃脱了，否则就得永远待在这横尸遍野的危险大山里，或是被长枪所刺，即便死不了也无力反抗，这样一来，我可就话不长了啊！』

（英雄狄俄墨得斯刺中了他的腹部，阿瑞斯手捂伤口说道）①

『我心爱的女神！快躺下来吧，一起沉浸在爱的喜悦里，你丈夫赫菲斯托斯，也许早就不在这个国家了。』

（与阿佛洛狄忒偷情时说道）②

周围人对他的评价

『你这丢脸的家伙！还好意思哭！**奥林匹斯众神里最让人讨厌的就是你**！就知道跟人争斗、挑起战争，你……』

（父亲宙斯的说教）③

『真是让人讨厌的狗叫声！阿瑞斯，你为何能如此任性无耻地挑衅众神呢。』

（雅典娜）④

『像阿瑞斯这样的家伙没必要害怕。瞧啊，就不该拿他当正常人对待。这个邪恶的家伙。』

（雅典娜对英雄狄俄墨得斯说道）⑤

在希腊一路被打，在罗马却大受欢迎的战神

与掌管智慧、善用兵法谋略的战神雅典娜不同，战神阿瑞斯则是代表着战争残暴无情的一面。

古希腊人将阿瑞斯毫无秩序，没有任何战略技巧的争斗看作极其野蛮的行为。因此，关于阿瑞斯的神话多是讲些他在战事中被人打得七零八落。

他为打仗而打仗，是热衷战斗的战神。不过，阿瑞斯也曾有过为保护家人和心爱的人，毅然走向战场的感人一面。

在古希腊阿瑞斯虽没什么人气，然而到了罗马，人们将他与玛尔斯混同，尊他为罗马帝国的先祖。就此他成为整个希腊神话中最出人头地的神。

人物形象

手持长枪盾牌，留着胡须的男性或是没有胡须的年轻男子。由于他并没有过多的代表圣物，因此难以在古希腊的美术作品中辨别出来。

●『阿瑞斯容貌俊秀、跑得快。』⑥

●『（英雄狄俄墨得斯）当我划破战神美艳的肌肤，立即抽出长枪。此时一身青铜装备的阿瑞斯疼痛不已，甚至发出了九千士兵，不，万人呐喊般的呻吟声。从不厌倦战争的阿瑞斯竟发出如此惨叫，令人惊叹不已。』⑦

●『就连铁石心肠的阿瑞斯，也可以不戴头盔、不扛长枪，甚至不佩带锋利的宝剑与胸甲，面带微笑走近跳舞的队伍当中。』⑧

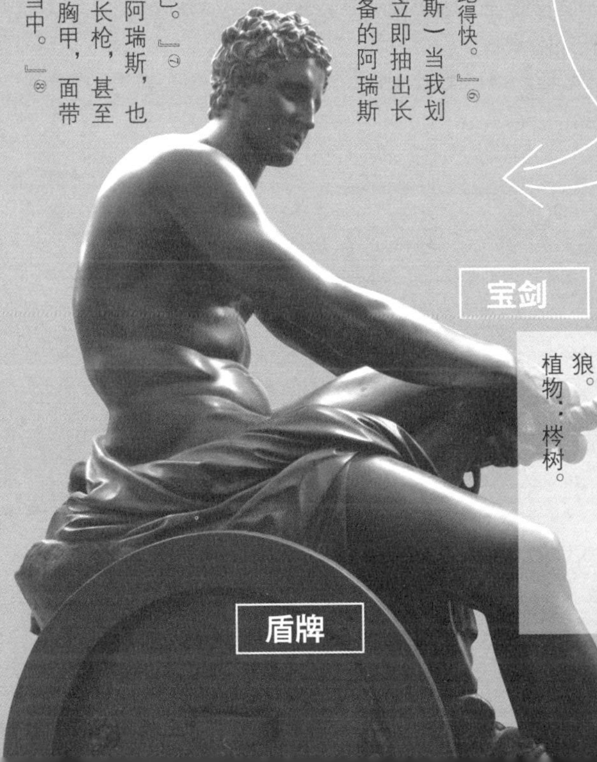

代表圣物

枪、武器、火星

动物：啄木鸟、猫头鹰、秃鹫、雄鸡、有着如同箭一般的羽毛的神鸟、狗、狼。

植物：梣树。

生日	不详
出生地	色雷斯与普罗彭提斯（现在的马尔马拉海）左岸
家族构成	父亲：宙斯（或没有） 母亲：赫拉 妻子：无，或是阿佛洛狄忒 子女：福玻斯（象征失败）、得摩斯（象征恐惧）、哈耳摩尼亚（象征协调）、厄洛斯（象征爱欲）等
美称	嗜血之神、都市荒芜之神、破盾之神、弑男之神、讨好女性之神[9]，等等。
恋爱经历（女性）	**·阿佛洛狄忒** 在与阿佛洛狄忒偷情时被她的丈夫赫菲斯托斯捉住，并喊来众神围观，引来大家嘲笑。 **·塔娜谷拉**[10] 为争抢塔娜谷拉仙女，与赫尔墨斯大打出手，败北。 **·阿厄罗佩**[11] 与凡间女子阿厄罗佩相爱，阿厄罗佩受孕分娩时难产死去。阿瑞斯为了给自己的孩子哺乳，施法令死去的母亲分泌乳汁。 ·此外还有阿斯提奥克、得摩尼克、爱奥斯等。
恋爱经历（男性）	无

阿瑞斯主要战败经历

·特洛伊战争败北

战神雅典娜守护的英雄狄俄墨得斯，在战场上刺中阿瑞斯腹部，令其疼痛难忍，发出万人大叫般的喊声逃回奥林匹斯。

·败北英雄赫拉克勒斯[12]

用盾牌抵抗住了赫拉克勒斯的前三次攻击，第四次被刺中大腿，阿瑞斯忍痛逃走。

·拳击赛败北阿波罗[13]

在神话中众神举办的奥林匹克竞技赛赛场上，与阿波罗比赛拳击，败北。

※ 在与巨人族的对决中也有过胜利。也有在子女遇到危险时均能鼎力相助（虽均以失败告终），颇具深情的一面。

神话里的主要经历

诞生	与不和女神厄里斯、助产女神厄伊利堤亚一样，均由父亲宙斯与母亲赫拉所生。
成年期	**提坦大战** 成为宙斯的有力助攻。⑭ **巨人族大战**（参照宙斯履历书） ·因与巨人族战斗败北，被扔下天界，被锁在青铜瓮中长达 13 个月之久，后被赫尔墨斯救出。 ·死神塔那托斯被凡人西西弗斯捆绑，凡人得以不死，这时阿瑞斯出手相助帮助塔那托斯捉住西西弗斯。 ·因杀死海神波塞冬的儿子而对簿公堂，阿瑞斯以帮助女儿正当防卫为由，终获无罪释放。
公元前 12 世纪	**特洛伊战争** 支持特洛伊一方。虽与母亲赫拉及雅典娜约定，加入希腊战队出征，但经不住阿佛洛狄忒的蛊惑，倒戈特洛伊一方。最终在战斗中被英雄狄俄墨得斯刺伤，又被雅典娜打倒。

※ 受母亲赫拉之命去阻止阿波罗和阿耳忒弥斯的诞生，但任务失败了；和赫拉克勒斯决斗，又输了；受命带赫菲斯托斯回奥林匹斯神山，也未能完成。

主要朝拜地及朝拜仪式

·在出征前向阿瑞斯供奉祭品的事例比较常见，但很少有在圣庙或专门的祭祀仪式为其祭祀的活动。

·阿瑞斯的脚镣

在斯巴达人们常祭祀绑有脚镣的阿瑞斯神像，为了不让胜利之神阿瑞斯逃跑才为他绑上了脚镣。⑮

①荷马《伊利亚特》第 5 卷 887 行；②荷马《奥德赛》第 8 卷 290 行；③荷马《伊利亚特》第 5 卷 889 行；④荷马《伊利亚特》第 21 卷 383 行；⑤荷马《伊利亚特》第 5 卷 826 行；⑥荷马《奥德赛》第 8 卷 265 行；⑦荷马《伊利亚特》第 5 卷 863 行；⑧ Colluthus,Rape of Helen 14ff. ⑨在特戈亚有女性专门的阿瑞斯崇拜。⑩ Corinna,Fragment 666. ⑪鲍萨尼阿斯《希腊道里志》第 9 卷 37 章 7 节；⑫ Hesiod, Shield of Herakles 357ff；⑬鲍萨尼阿斯《希腊道里志》第 5 卷 7 章 10 节；⑭ Nonnus,Dionysiaca 18.274ff；⑮鲍萨尼阿斯《希腊道里志》第 3 卷 15 章 7 节。

惹是生非、令人厌恶的破坏之神

接下来要为大家介绍的是一位充满负面色彩的人物。此人一听到战鼓声就手舞足蹈，一闻到血腥气就心醉神迷，他就是战神阿瑞斯。虽贵为战神，却败绩累累，常充当被打的角色。一次，在与凡人的近身搏斗中，身为战神的阿瑞斯，一上场便被对方刺中了侧腰①，腰上深深的伤口疼得他哀号不止，连忙跑去向父亲宙斯哭诉：

“父神，您快看，我被敌人打得血流不止啊！那家伙太过分了！我要再慢半步，恐怕就被他活活刺死了。”

宙斯气得骂道：“你这丢脸的家伙，还好意思哭！奥林匹斯众神里最让人讨厌的就是你！就知道跟人争斗、挑起战争，你……”（后面便是老父亲对儿子冗长的说教）。

又一次，阿瑞斯在与巨人族的战斗中败北，被锁链锁在青铜瓮中长达 13 个月之久。众神们纷纷开始猜测，“最近怎么不见阿瑞斯，这家伙是不是已经死了”。幸好此时，赫尔墨斯发现并救出了奄奄一息的阿瑞斯②。

在与赫拉克勒斯的对峙中，阿瑞斯不仅完败，还被赫拉克勒斯打得满世界躲藏；他还多次败给同为战神的雅典娜。

---

① 刺伤阿瑞斯的正是得到战神雅典娜庇护的英雄狄俄墨得斯。狄俄墨得斯不仅击败过美神阿佛洛狄忒，还曾与光明之神阿波罗交战，是颇具实力的英雄人物。

② 是赫尔墨斯发现并救出了阿瑞斯。

在与哥哥赫菲斯托斯的妻子阿佛洛狄忒偷情时，不仅被当场捉住[①]，还被吊在屋顶示众，众神纷纷赶来看热闹，阿瑞斯遭到大家的嘲笑。甚至，还曾因杀害波塞冬的儿子遭众神控诉[②]站上了法庭的被告席。

如此劣迹斑斑的阿瑞斯总以极其消极的形象示人，与同为战神的雅典娜不同，谋略、正义、秩序纷纷与他无缘，这一切怕是都源自他作为破坏之神凶残、嗜血、好战的本性。他为战而战，四处散播战争的火种，以杀戮为乐。

古希腊人认为阿瑞斯偏好的无序战争纯属野蛮行径，他的神庙及对他的崇拜者少之又少。

竟然是希腊神话中最“出人头地”的一个

以上种种行为使得阿瑞斯遭到众神及人们的厌恶。然而如此非主流的他，却拥有为其歌功颂德的古老赞歌[③]：

力大无穷的战神阿瑞斯，头戴金色盔甲，驾驶战

---

① 多数神话中认为阿佛洛狄忒的丈夫是阿瑞斯，甚至在现实的祭祀活动中二人也多是一同接受众人朝拜。但在《伊利亚特》中记载她的丈夫是锻造之神赫菲斯托斯，与阿瑞斯只是偷情。

② 阿瑞斯接受判决的地方被称为“战神山”。现如今的雅典也能看到这里。此次事件源于阿瑞斯撞见波塞冬之子侵犯自己的女儿，一怒之下将其杀死，阿瑞斯就地受审，终因正当防卫被宣告无罪。

③ 以下节选自《阿瑞斯赞歌》。人们认为这是《俄尔甫斯赞歌》中的一部分，该赞歌区别于一般的希腊宗教及神话。

车的战神；拥有强大内心的战神，您手持盾牌无所畏惧，身着青铜铠甲守护城邦；您那强壮的臂弯不知疲倦、枪法无双，您才是奥林匹斯最坚实的守卫者；尊贵的战神请赐予我们光辉与力量，帮我们用勇敢驱走懦弱吧！

在斯巴达城有座阿瑞斯雕像，雕像上的阿瑞斯被锁链绑住。据说之所以这么做是因为："只有用锁链锁住带来胜利的战神阿瑞斯，他才不会去守卫其他的城邦[①]，为了不让战神阿瑞斯去其他地方，我们万不得已才出此下策！"

如此暴虐、残忍、遭人嫌弃的阿瑞斯，有时也会为人们带去帮助。作为能够带来胜利的神被人们崇拜、爱戴[②]。

在古希腊之后的罗马，阿瑞斯被与古罗马开国英雄罗慕路斯的父亲玛尔斯混同，一跃成为最受欢迎的神。

---

① 雅典人对胜利女神奈基采用了同样的做法，他们去掉了女神奈基雕像上原本的一对翅膀，就是为了不让这难得的胜利插翅而逃。

② 在泰耶阿，阿瑞斯别称"令女人们快乐的神"（gynoikothoinas）深受女性崇拜。在忒拜他甚至被人们称为该城的先祖。此外，在雅典、阿尔戈斯均建有专用来礼拜他的神庙。

专栏 6

为何希腊众神进入罗马时代均要改名换姓

为何希腊神话中的战神“阿瑞斯”到了罗马就被称为“玛尔斯”呢?

实际上，与古希腊人将神拟人化相对，罗马人最初信奉“神是无形的（如同电闪雷鸣均无形）”，即神没有固定的性格及样貌。

随后，在吸收希腊神话的过程中，罗马人借用了希腊神话中身份相同的人物形象。因此阿瑞斯、玛尔斯才会在外表上看上去完全一样。

而像光明神阿波罗这类古罗马本就没有的神职，他们则完全照搬希腊，所以阿波罗在罗马仍被称为“阿波罗”。

姓名	ΑΦΡΟΔΙΤΗ **阿佛洛狄忒**	女性
别名	罗马神话：维纳斯（Venus）	
主要职权	**爱、爱欲、美、喜悦、**和睦、繁殖、丰收、航海、战争①、调和万物的女神	

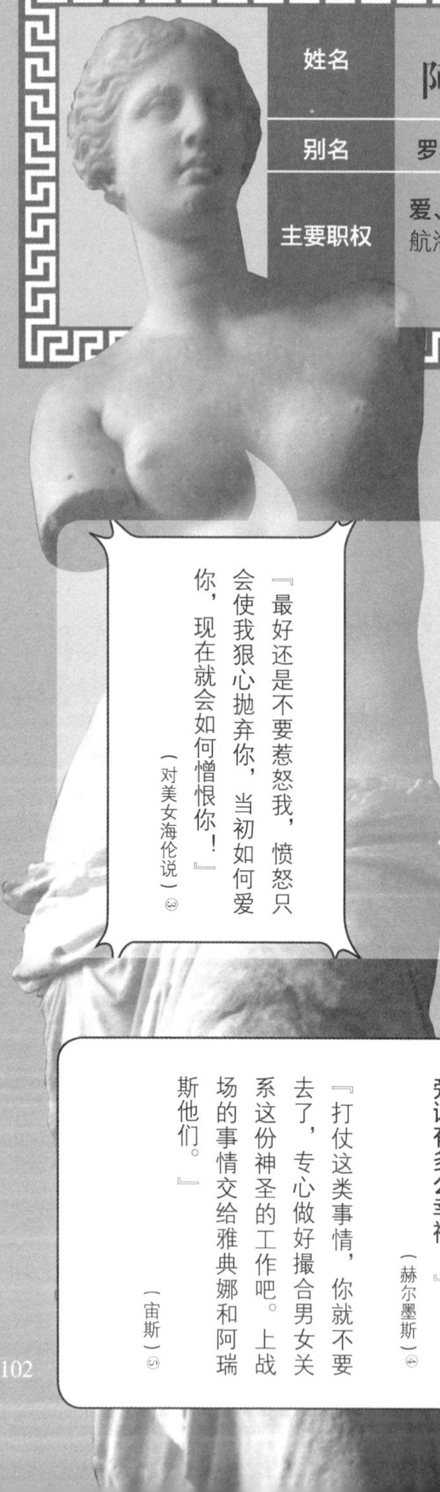

阿佛洛狄忒名言

『这世上所有轻蔑我、瞧不起我的人们，我要让你们统统灭亡！**愚蠢的独身者们，竟敢蔑视爱的喜悦，竟敢称我为最可恶的神！**』②

『最好还是不要惹怒我，愤怒只会使我狠心抛弃你，当初如何爱你，现在就会如何憎恨你！』（对美女海伦说）③

周围人对她的评价

『能与阿佛洛狄忒共度良宵，是多么美好的事啊！就算是被层层铁网罩住我也愿意，就算是男神们，甚至是女神们都来围观也无所谓。**睡在黄金般灿烂的阿佛洛狄忒身旁该有多么幸福！**』（赫尔墨斯）④

『打仗这类事情，你就不要去了，专心做好撮合男女关系这份神圣的工作吧。上战场的事情交给雅典娜和阿瑞斯他们。』（宙斯）⑤

性感的最高象征，永恒的美丽女神

众所周知，“维纳斯”是全世界最美的女神，无论是神还是凡人，她能让所有生物，统统陷入爱情继而繁衍生命，她拥有联系世间万物的能力。

唯有三位处女神（雅典娜、阿耳忒弥斯、赫斯提）不受这伟大的爱的力量的影响。

随着希腊的众神崇拜遭到禁止，阿佛洛狄忒也被人们当作肮脏的女神受尽侮辱。尽管如此，人们从未停止过对她的追捧，《米洛的维纳斯》、波提切利的《维纳斯的诞生》等描绘她的艺术作品数不胜数。“维纳斯”成为美丽的代名词，跨越上千年的历史，人们将一直并永远为之着迷。

●『春花浸染的衣裙包裹着美丽的身体，番红花、风信子、娇嫩的紫罗兰、美酒般甘甜芬芳的玫瑰，女神就这样身着散发着四季花香的衣裙。』⑥

●『不朽的女神阿佛洛狄忒头戴精巧的金色皇冠，耳垂装饰着珍珠黄金镶嵌的花形饰物。』⑦

●『惹人怜爱的脸上，满是暖人的微笑，如花般艳丽的面庞散发着迷人的光芒。』⑧

人物形象

金发美女。常被描绘成身着华服或是赤裸美丽身体的女性。

代表圣物

合欢带（只要将它戴在腰间，任何异性都会立刻沉迷于她）；身旁伴有长着翅膀的少年神厄洛斯（丘比特）；时常手握男人的阴茎；乘坐珠光贝母，珍珠、金星。

植物：苹果、香桃木、蔷薇、没药⑨、乳香、醉仙翁、莴苣、石榴、秋牡丹⑩、罂粟⑪、青柠，等等。

动物：鸽子、兔子、麻雀、燕子、鹌鹑、蚁䴕、海豚。

【左】米洛斯的维纳斯　【右】阿佛洛狄忒授予男性爱的胜利

生日	圣日为每月 4 日
出生地	塞浦路斯岛（附近海域）
家族构成	父亲：乌拉诺斯（乌拉诺斯被切断的阴茎掉入大海，在海水里溅起泡沫，阿佛洛狄忒从泡沫中诞生） 母亲：无（也有说为女神狄俄涅） 丈夫：赫菲斯托斯 孩子：众多
美称	生自泡沫的女神、改变人们内心的女神、柔声细语的女神、秋波女神、小耳朵女神、美臀女神、带来喜悦的女神、杀死男人的女神、延缓衰老的女神、喜欢微笑的女神，等等。
恋爱经历（女性）	无
恋爱经历（男性）	**·奥林匹斯众神（除阿波罗之外）均与阿佛洛狄忒发生过关系（阿瑞斯、赫尔墨斯、狄俄尼索斯、赫菲斯托斯、宙斯、波塞冬）。** ·与多位凡间男子相恋。 **·阿多尼斯** 曾与珀耳塞福涅争夺的美少年。被杀时流出的血变成了秋牡丹，阿佛洛狄忒为此流下悲伤的泪水，泪珠落地开出玫瑰。⑫ ·安喀塞斯（详见专栏 5），等等。

①在斯巴达市供奉有身着战袍的阿佛洛狄忒神像；②欧里庇得斯《希波吕托斯》1 行；③荷马《伊利亚特》第 3 卷 397 行；④荷马《伊利亚特》第 8 卷 340 行；⑤荷马《伊利亚特》第 5 卷 428 行；⑥斯塔西诺斯《塞浦路亚》；⑦《阿佛洛狄忒赞歌》（赞歌第 6 首）8 行；⑧《阿佛洛狄忒赞歌（赞歌第 10 首）》3 行；⑨没药香气扑鼻，是象征婚姻或交合的植物；⑩传说秋牡丹的颜色由阿多尼斯的鲜血染红；⑪相传罂粟花生长在阿佛洛狄忒与赫菲斯托斯交合沐浴之处，因此在塞浦路斯岛以及利姆诺斯岛等二人的朝拜圣地都盛开着娇艳的罂粟花。⑫阿波罗多罗斯《希腊神话》第 3 卷 183 行，奥维德《变形记》10 卷 522 行及其他。⑬ Hans Dieter Betz. The Greek magical papyri in translation,including the demotic spells,PGM IV.2891.

神话里的主要经历

诞生	农耕神克洛诺斯用锋利的镰刀割下了父亲天空之神乌拉诺斯的阴茎，丢进大海。阿佛洛狄忒就生于漂浮在海水中的泡沫（精液）。
成年期	・与赫菲斯托斯结婚，却出轨阿瑞斯，被丈夫捉奸在床。 ・在“最美女神”争夺赛上，击败赫拉和雅典娜，获得桂冠。这成为特洛伊战争爆发的原因。
公元前 12 世纪	**特洛伊战争** 支持特洛伊一方，成功倒戈战神阿瑞斯加入特洛伊，被狄俄尼索斯刺伤手臂。在特洛伊沦陷时成功帮助儿子埃涅阿斯出逃，埃涅阿斯日后成为罗马的先祖。

※ 在与雅典娜的纺织比赛中惨败，却在皮托竞技会的音乐比赛中完胜赫尔墨斯。

主要朝拜地及朝拜礼仪

位于塞浦路斯帕福斯的阿佛洛狄忒神庙

・据说爱神阿佛洛狄忒的诞生地就在塞浦路斯，因此，塞浦路斯又有“爱神之岛”的美称。敬奉爱神的圣地帕福斯位于塞浦路斯岛的西南，是个气候适宜、自然环境优美的海滨城市，城中建有著名的阿佛洛狄忒神庙。行吟诗人荷马在《奥德赛》中写下了这样的诗句：“酷爱笑声的阿佛洛狄忒来到了塞浦路斯，来到了帕福斯，那儿有她的领地和芬芳的祭坛。"

・人们认为女神不喜欢猪，所以常将白色山羊作为供品献给自己的女神。

恋爱巫术

古希腊盛行各类巫术，为了能让单相思的对象望向自己，爱神阿佛洛狄忒帮人们想出了许多神奇的法术。

・祈求阿佛洛狄忒之星（金星）恋爱巫术

在白鸽血中加入玫瑰花粉以及晒干的苦艾草。将它们揉成圆球状，绑在葡萄枝或木炭上，向金星祭拜。还可以加入秃鹰的脑浆，据说这样能让巫术更加灵验。之后从母驴或母黄牛的右上颚取下一颗牙齿，系在自己的左腕。（这样一来心上人就会注意到自己）⑬

若能与她共浴爱河，做什么都愿意!

无论哪位男神，当他遇到阿佛洛狄忒，便会祈求神灵保佑能与阿佛洛狄忒共结连理。若能与她浅尝鱼水之欢，那更是做什么都愿意。[①]作为爱（性爱）与美的女神，阿佛洛狄忒（维纳斯）就是如此深受众人的喜爱。

正是那原本的天性，让她总给人异常淫邪的印象。甚至有说她的神庙是“神庙娼妓”的居所……侍奉神庙的都是些招揽男性顾客的高级妓女。就连她的神像前都供奉着妓女们的各种用具（从镜子、化妆品到人们羞于启齿的情趣用品）。在希腊语中“性”这一词可以与阿佛洛狄忒直接对应。

然而，透过下面这段阿佛洛狄忒常说的话，便能看出她并不仅仅是支配性爱的女神。

> 神圣的天空深深迷恋上了大地，憧憬着与其结为伉俪，焦急的天空若降下甘露，得到滋养的大地便可孕育谷物与家畜……是谁促成了这一切，正是本人！[②]

---

① 阿佛洛狄忒与阿瑞斯偷情当场被抓，丈夫赫菲斯托斯将他们赤裸吊在网中示众，前来看热闹的一众男神如此打趣。阿波罗：“喂！赫尔墨斯，如果你能和爱与美的女神阿佛洛狄忒缠绵，是不是也愿意被那网罩住啊？”

赫尔墨斯：“那当然了，哪怕是比这密实三四倍的网，哪怕是被捆绑了手脚，哪怕是被所有女神嘲笑，只要能和阿佛洛狄忒在一起，我愿意立刻被绑住！”

两人说着大笑起来。（在那之后，赫尔墨斯真与阿佛洛狄忒发生了关系。）

② 埃斯库罗斯《达奈俄斯的女儿们》节选。

事实上，女神阿佛洛狄忒不仅能使性爱中的二者结合，她还能实现广泛意义上的结合，即将完全不同的二者联系起来。

深受众人喜爱的跨时代爱神

阿佛洛狄忒的威力令人难以逃脱，这一切从那些满是情爱故事和爱欲话题的古希腊历史神话中并不难看出。“除处女神之外，上至所有天神，下至该被处死的凡人，没有任何人能够逃脱阿佛洛狄忒之手。”就连她本人都说“我要用自己的魅力及谋略，让每一位男神与凡间女子因爱结合，让所有男神都能臣服于我”。

另一方面，从未有过像阿佛洛狄忒一样，让人们一直着迷的神。西方的基督教曾广为流传，当时希腊神话中的众神纷纷遭到排挤，阿佛洛狄忒也被烙上了“奥林匹斯邪恶之神中最令人厌恶的荡妇”“可恶的女人”“不吉利的老妈妈”等印迹。即便如此，诗人们仍无法停止对她的歌颂，画家们也无法停止对她的描绘。杰佛雷·乔叟在他的诗中这样称颂道：“维纳斯的力量无处不及，无论海上或是陆地，无论天堂或是地狱。”波提切利作品《维纳斯的诞生》也无人不晓。古希腊美术巅峰之作《米洛斯的维纳斯》也是她的雕像。

即使不了解任何希腊神话，这尊雕像的美亦能穿越 2000 年的时间长河，震撼我们的内心。任何人都知道爱所拥有的强大

雕像《米洛斯的维纳斯》

力量，正因如此，在任何时代都无法阻止人们对阿佛洛狄忒的狂热追求。

从古至今，经历了上千年的历史，人们仍在描绘着她的魅力，最后我们如实引用古希腊人的这句名言：“若没有黄金般的爱神阿佛洛狄忒（爱情），那还叫什么人生，哪里还有快乐！”①

① 米姆奈尔摩斯的诗歌（公元前7世纪）。

专栏 7

爱神的恋爱故事

阿佛洛狄忒的恋爱故事可谓不计其数，其中要数与凡间男子安喀塞斯的故事最有名。（以下来自《阿佛洛狄忒赞歌》中的部分意译）

女神阿佛洛狄忒因无法克制对凡间英雄安喀塞斯的迷恋，竟闯入他的家中。女神超乎寻常的美貌让安喀塞斯一眼认出了她，“如此美貌的女神从何而来，下榻寒舍不甚荣光啊，在下这就准备祭坛为您行礼祭祀……”阿佛洛狄忒赶忙答道：“不，不，我不是什么神灵，只是个将死的凡人。是为成为你的妻子，与你共度良宵，才来到这里的。”说着她便将爱的执念种入安喀塞斯的心里，安喀塞斯瞬间被情欲所控，说道：“神一般的女人啊，你若能永远做我的妻子，就算让我即刻死去，我也愿意！现在，就在这里，让我们完成爱的仪式吧！无论哪路神仙、无论何等人物，谁也不许来捣乱。”

波提切利的《春》
画面中央的维纳斯女神左手提着衣裙，右手稍微举起，
身姿婀娜纤巧，端庄妩媚

就这样二人倒在了爱的温柔乡里，尽享鱼水之欢。第二天一早，爱意全无的女神，叫醒了沉浸在幸福中的安喀塞斯：

“起来吧，人类！你怎么还睡得着呢，快看看我是谁，仔细瞅瞅，像凡间女子吗？”

听到这里安喀塞斯一下子从床上坐了起来，看着眼前的女神吓得浑身颤抖：

“尊贵的女神啊！第一次见到您时我就问过‘您是女神吧？’，可您却口口声声说自己是凡间女子啊！”

“你说什么？”

“哎呀！求您宽恕我的唐突！是在下斗胆，深知凡人一旦与女神结合，定会魂飞魄散，只求您饶我一命啊！”

“我才不要你性命！只是我与你这凡间男子共浴爱河的事情，会给自己带来巨大的麻烦。与你交好，怀了身孕，我将遭到众神的厌恶、排挤，人们甚至连我的名字都不愿提起。”

“但这是你情我愿的事情啊。”

“别说了！你要信守承诺，决不可将我与你的事情告诉别人，即使将来有人问起腹中孩子的母亲，也万不可说出我的名字。你若是到处去炫耀与女神阿佛洛狄忒的情事……会有怎样的后果可想而知。好了，我走了！”

——无论是从前还是当下，女神永远都爱得那么随心所欲。[①]

① 那之后没多久，醉酒的安喀塞斯便与人炫耀起自己与爱神阿佛洛狄忒的情事，因此惹怒了女神，落得从此双目失明的下场。

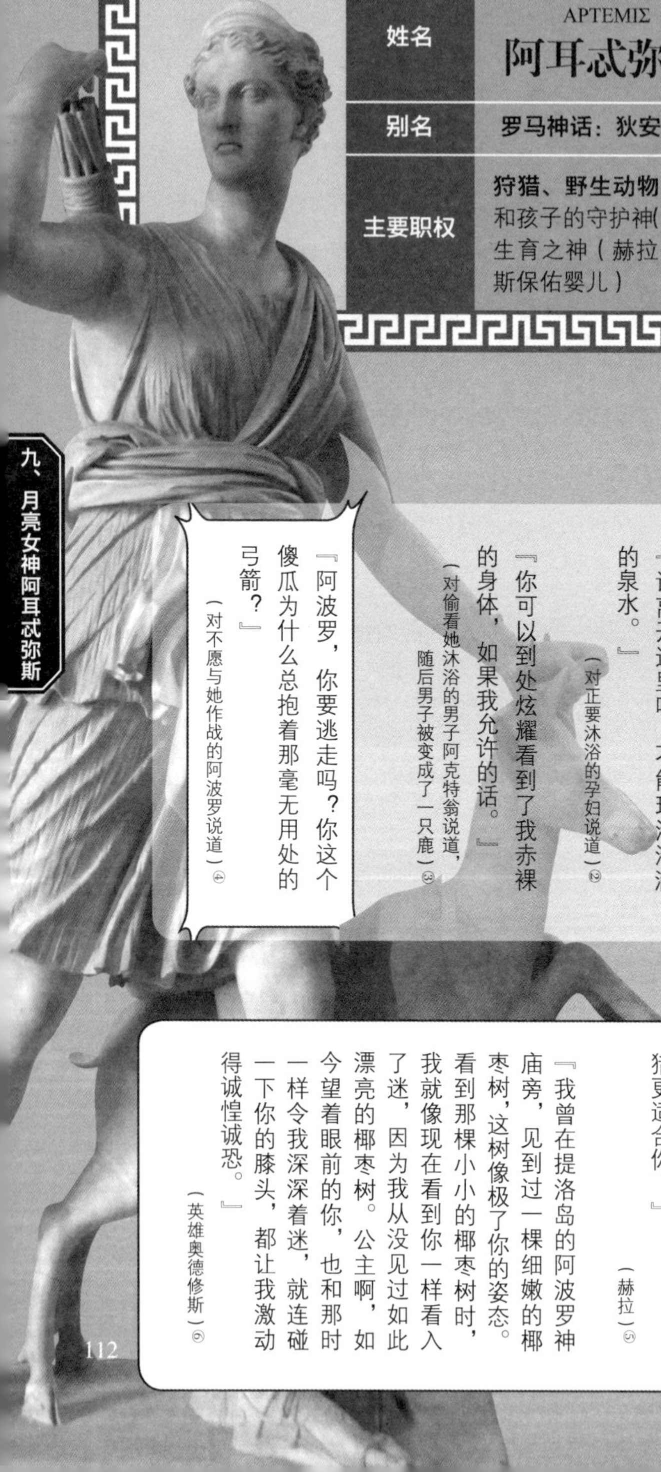

姓名	ΑΡΤΕΜΙΣ **阿耳忒弥斯** 女性
别名	罗马神话：狄安娜（Diana）
主要职权	**狩猎、野生动物、自然、弓箭**、处女和孩子的守护神（后来成为月亮女神）、生育之神（赫拉守护产妇、阿耳忒弥斯保佑婴儿）

阿耳忒弥斯名言

「我发誓将终身不嫁，永远保持处女之身，在深山里当好动物们的守护神。并以父亲宙斯的脑袋担保！」①

「请离开这里吧，不能玷污清澈的泉水。」

（对正要沐浴的孕妇说道）②

「你可以到处炫耀看到了我赤裸的身体，如果我允许的话。」

（对偷看她沐浴的男子阿克特翁说道，随后男子被变成了一只鹿）③

「阿波罗，你要逃走吗？你这个傻瓜为什么总抱着那毫无用处的弓箭？」

（对不愿与她作战的阿波罗说道）④

周围人对她的评价

「整天带着弓箭到处乱跑的疯丫头，想和我较量可没那么容易！与其找高手对决，还不如老老实实在森林里打猎更适合你。」

（赫拉）⑤

「我曾在提洛岛的阿波罗神庙旁，见到过一棵细嫩的椰枣树，这树像极了你的姿态。看到那棵小小的椰枣树时，我就像现在看到你一样看入了迷，因为我从没见过如此漂亮的椰枣树。公主啊，如今望着眼前的你，也和那时一样令我深深着迷，就连碰一下你的膝头，都让我激动得诚惶诚恐。」

（英雄奥德修斯）⑥

月亮女神——曾是守护童贞、处女的死神

如今阿耳忒弥斯在人们心中多是月亮女神的形象，但最初她是守护少女童贞的处女神，也是掌管女性死亡的山林女主人，她能够让产妇在分娩过程中毫无痛苦地死去。

古希腊社会主要以成年男性为中心，所以在整个希腊神话中阿耳忒弥斯并没有很高的地位，但她却能尽心守护妇女和儿童这类社会非主要人员，当人们粗鲁对待女性，或是残忍杀害野生动物时，阿耳忒弥斯总能给男性社会一记强力反击。这就是阿波罗的孪生姐姐，讨厌男性的贞洁女神。

●『她与丑陋无缘，身材高挑身姿优美，她就是阿波罗的孪生姐姐，身背弓箭的女神阿耳忒弥斯。』⑦

●『（在所有女神当中）冰雪聪明的女神阿耳忒弥斯，格外醒目！』⑧

人物形象

金发碧眼、身材高挑的年轻处女神。身背弓箭、同为死神是她与孪生弟弟阿波罗的共同之处。

代表圣物

黄金弓箭、猎枪、迷你短裙、狩猎用的短靴、火把、皮草、竖琴（之后还有月亮）。

动物：鹿、熊、野猪、珍珠鸡、鹌鹑、鱼。

植物：丝柏、胡桃、苋菜、棕榈（椰子树）、月桂树。

【左】阿耳忒弥斯与母鹿　【右】狩猎的阿耳忒弥斯

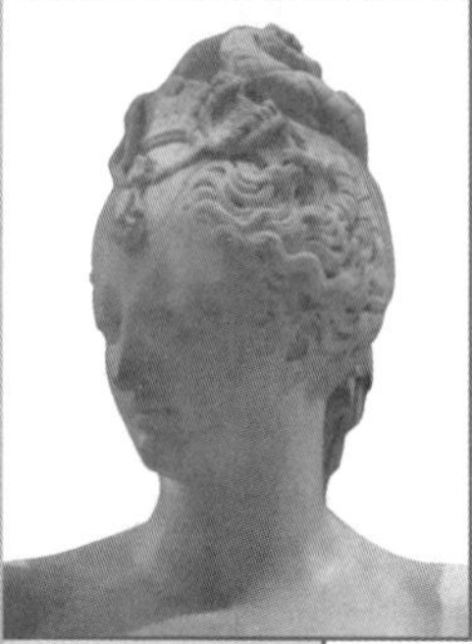

生日	萨尔格里昂月 6 日（阿波罗生日的前一天）
出生地	西西里的奥提伽岛或提洛岛
家族构成	父亲：宙斯 母亲：勒托 弟弟：阿波罗（有时会被设定为夫妇，而非孪生兄妹）⑨
美称	远射之神、金箭之神、光明神、爱护少女之神、丰产女神，等等。
恋爱经历（女性）	无
恋爱经历（男性）	阿耳忒弥斯是处女神，但与她多少有些关系的男性有以下两个人： ·俄里翁因想要占有阿耳忒弥斯，或是因在掷铁饼比赛中挑战阿耳忒弥斯，而被女神杀死。罗马版本里说，阿耳忒弥斯与俄里翁本是一对恋人，阿波罗对此心生嫉妒（也有说是因他们在阿波罗神庙前缠绵），设计让阿耳忒弥斯误杀了俄里翁。⑩ ·河神阿尔斐奥斯 河神疯狂地喜欢上了阿耳忒弥斯，但无论他如何劝说、哭泣都无济于事，当意识到自己永远也无法和阿耳忒弥斯结婚时，愤怒的他想要强行占有阿耳忒弥斯。聪明的女神和自己周围的仙女们一同将泥巴涂在脸上，让河神无法分辨，找不出阿耳忒弥斯，只得作罢。但在奥林匹亚人们会将阿耳忒弥斯与阿尔斐奥斯放在一起朝拜。⑪

①阿尔凯奥斯《阿耳忒弥斯颂歌》片段；②奥维德《变形记》第 2 卷 468 行；③奥维德《变形记》第 3 卷 138 行；④荷马《伊利亚特》第 21 卷 470 行；⑤之后阿耳忒弥斯被赫拉打了耳光，哭着离开战场，坐在父亲宙斯膝头求安慰。荷马《伊利亚特》第 21 卷 479 行；⑥这实际是英雄奥德修斯对凡间女子娜乌茜卡说的话，此处只是用阿耳忒弥斯举例。荷马《奥德赛》第 6 卷 149 行；⑦《荷马颂歌合集》"致阿波罗"（颂歌第 3 曲）197 行；⑧荷马《奥德赛》第 6 卷 102 行；⑨优斯塔修斯对《伊利亚特》的评注；⑩荷马《奥德赛》第 5 卷 119 行；⑪鲍萨尼阿斯《希腊道里志》第 6 卷 22 章 8 节；⑫之所以将阿耳忒弥斯定位为地位较低的神，是因为该神话《伊利亚特》完成时，对阿耳忒弥斯的崇拜还没有达到一定的规模。

神话里的主要经历

诞生	母亲勒托因赫拉的嫉妒没有能够分娩的土地，最终在当时的浮岛提洛岛生下了阿耳忒弥斯。
诞生次日	帮助难产的母亲生下弟弟阿波罗。
3 岁	向父亲宙斯提出众多无理要求，就此开始冒险之旅。
成年期	因母亲勒托遭凡间女子尼俄柏嘲笑（“我生了 12 个子女，而您只生了一儿一女”），阿耳忒弥斯与弟弟阿波罗一同杀死了尼俄柏的 12 个子女。
公元前 12 世纪	与阿波罗一同支持特洛伊一方，被赫拉打了耳光哭着逃走。⑫

主要朝拜地及朝拜仪式

阿耳忒弥斯神庙多建在森林与城市的交界处（表示以此为界，界线以外便是阿耳忒弥斯的领域）。

·生日蛋糕的鼻祖

阿耳忒弥斯能够保佑产妇顺利分娩，因此人们在自己生日当天，为了表达对神的感谢，会在神庙供奉摆满蜡烛的蛋糕。（和如今不同，那时的蛋糕并非是为自己而准备。）

·熊之女巫

5~10 岁还没有进入生理期的女孩，作为女巫侍奉在阿耳忒弥斯身边，人们称她们为“熊”。她们身着黄色衣裙舞蹈，或是进行比赛以此作为供品敬献女神。

·活人祭祀

古时候曾有过用活人祭祀阿耳忒弥斯的活动，后来演变为仅保留形式而并非真正的活人祭祀。例如，划破男性的喉咙让其流血但不至于丧命，以此仪式祭祀等。

位于以弗所的装饰有大量乳房的阿耳忒弥斯神像
阿耳忒弥斯是希腊的处女神，但在土耳其的以弗所，阿耳忒弥斯神像上装饰了大量的乳房，人们将她作为丰收女神进行祭祀。不同的地域对同一神会有截然不同的认识

阿耳忒弥斯的十个愿望

月亮神阿耳忒弥斯与太阳神阿波罗是一对孪生姐弟，人们常常用“身背金箭的阿耳忒弥斯与肩挎银弓的阿波罗”来形容这对双胞胎。阿耳忒弥斯早阿波罗一天出生，因此成了双胞胎中的姐姐。[①] 比起娇纵任性的弟弟，这位姐姐有过之而无不及。

一日，天神宙斯将三岁的女儿阿耳忒弥斯抱在膝头，道不尽的宠爱：“我可爱的阿耳忒弥斯，快告诉父亲，你想要什么？无论是什么我都会满足你！”

于是阿耳忒弥斯这样答道（以下内容译自卡利马科斯的诗歌）：

图为手握提洛岛棕榈树，正努力分娩的女神勒托。对面站着的阿耳忒弥斯正守候着弟弟出生

① 相传掌管生产的女神阿耳忒弥斯一出生就成了母亲勒托的助产士，帮着接生双胞胎弟弟阿波罗。母亲勒托因难产，竟用了一整天才生下弟弟，所以阿耳忒弥斯虽与弟弟是双胞胎，两人的生日却差了整整一天。

亲爱的父亲大人，我的愿望是这样的：

1. 我要做永远的处女神。

2. 我要拥有比弟弟阿波罗还要多的美称（别名）。

3. 我要和阿波罗一样的弓箭。

4. 我要成为和阿波罗一样能给人们带去光明的神。

5. 我要穿裙摆绣有刺绣的短裙。

6. 请赐予我狩猎的权利。

7. 请赐予我 60 位女子，我要她们整日为我舞蹈，当然她们必须都是处女，年纪还得是 9 岁。

8. 此外，还需要 20 位侍女，在我没有外出狩猎的日子，她们要帮我清理长靴，还要照看我的猎犬。

9. 请将希腊所有的山都赐予我。

10. 最后，请赐予我一座您推荐的城邦，我多数时间会住在山里，只有在帮助那些需要生产的女子时才会去那座城市。

一般父母听到这里，一定会教导："只能选一个帮你实现。"可天神宙斯听了女儿的这些要求，反而笑着答道：

我可爱的女儿啊，父亲全都答应你！全都帮你实现！城邦只要一个就好吗？千万别和父亲客气，别说什么要一个，父亲给你 30 座都城外加 30 座高塔，为什么说只要大山呢，把道路和港口的守护权也都给你！

读到这里，我们甚至想对宙斯说："这种教育方式，宙斯！你是要后悔的！"备受宙斯宠溺的阿耳忒弥斯作为狩猎女神，同时也是野兽的女主人与荒野的女领主，还是守护孩子与孕产妇的处女神。这么一个希腊神话中头等的疯丫头，就此拉开了其历险奇谈的序幕。

阿耳忒弥斯的大冒险

得到父亲应允的阿耳忒弥斯即刻选好了心仪的20位侍女及60人的少女舞蹈团，随后带着一众人马来到锻造之神赫菲斯托斯的冶炼厂，工匠库克洛佩斯（独眼巨人）正忙着和同伴们一起为波塞冬的战马打造新的饲料桶。

阿耳忒弥斯见状说道："你们的主人赫菲斯托斯承诺要为我打造心仪的生日礼物，现在我已经想好了，你们赶紧帮我做吧！"

到处是男人们汗臭味儿的冶炼厂里，突然闯进阿耳忒弥斯这么个可爱的小姑娘，独眼巨人们个个激动不已，其中一人实在控制不住自己对阿耳忒弥斯的喜爱，竟伸手想要去拥抱她。谁知这一举动（来自异性的拥抱）惹怒了处女神阿耳忒弥斯，她一把揪下独眼怪的胸毛[①]，并不停地喊道：

“大家听好了！不要再浪费时间做什么无聊的饲料桶了，快点为我赶制弓箭及箭筒吧，一定要做成和阿波罗一模一样的那种！”

任性的阿耳忒弥斯，逼迫工匠们为自己打造弓箭，拿到崭新的利器兴奋不已，激动得冲回自己的荒野，在战车前绑上带角的母鹿，率领成群的猎犬，驾着战车四处驰骋，几乎闹遍了整个希腊后，才返回奥林匹斯山。

当她回到皇宫，众神们纷纷邀请她在自己身边落座，“玩儿累了吧，来我旁边坐着休息啊”“可爱的妹妹，来我这坐吧”。可无论大家怎么邀请，她还是径直走到双胞胎弟弟阿波罗的身边坐下。不过，在阿波罗看来，也许想对这个姐姐说：“无法无天的家伙，什么时候才能收敛点啊！”

阿耳忒弥斯的光芒真比阿波罗微弱吗?

在以男性为核心的古希腊社会，阿耳忒弥斯并未占有很重要的地位。

这是因为她不能像雅典娜那样帮助男性在战争中获得胜利，阿耳忒弥斯只是幼儿、少女、纯真少年们的守护神，换言

① 这个独眼怪名叫布戎忒斯，直到死前他胸前也再没长出胸毛来。有关这个故事的详解暂无，有人推测此处也有可能是作者卡利马科斯随意添加的。

阿耳忒弥斯与家人的雕像。母亲勒托（中）、弟弟阿波罗（左）、姐姐阿耳忒弥斯（右）

之“并不是真正的社会一员”，是与文明社会之间略有差距的未开化野生神。

正因如此，她的神殿常建在城镇与荒野的交界处。她还特意在自己的领地上，醒目地标出：“前面已不是凡人居住地，是阿耳忒弥斯的领地！”要是森林里的动物或可爱的小姑娘（处女）遭到男性的掠夺，她将毫不客气地主持正义。

每当提到阿耳忒弥斯，多是类似“阿波罗的双胞胎姐姐[①]”或“阿波罗与阿耳忒弥斯”等以阿波罗为中心的描述，但实际上阿耳忒弥斯可比弟弟阿波罗厉害得多，历史也比他久远得多（正因如此，神话里，阿耳忒弥斯才会比弟弟早出生，与阿耳忒弥斯象征的野蛮与女性相对，阿波罗则是文明与男性的代表。

① 凡间女子尼俄柏曾在勒托面前自吹自擂：“勒托女神也只不过生了阿波罗和阿耳忒弥斯两个孩子，而我却有 12 个子女！”此话一出不久，她的 12 个子女全都惨遭杀害。

古希腊人认为男性突然死亡就是被阿波罗的银弓所杀，女性突然死亡就是被阿耳忒弥斯的金箭所杀。

当然文明不可能先于自然而产生）。每当时代变迁，一切便会随之逆转，如今的提洛岛作为太阳神阿波罗的诞生地，被人们熟知，却鲜有人知这里原本是阿耳忒弥斯的领地。就连古代世界最为庞大、壮丽的以弗所神庙[①]也是祭祀阿耳忒弥斯的圣地。

如今的“月之女神”，常被人们描述成“太阳神”阿波罗的附属存在，然而这也都是后人创造出的神话。阿耳忒弥斯虽不像阿波罗那般光芒万丈，但也丝毫不逊色于他。正如“身背金箭的阿耳忒弥斯与肩挎银弓的阿波罗”这句话描述的一样，阿耳忒弥斯永远都是走在阿波罗前面的伟大女神。

---

① 以弗所的阿耳忒弥斯神庙是世界七大奇迹之一。相传神庙在亚历山大大帝诞生日那天被人放火烧毁，古希腊人认为：“分娩女神阿耳忒弥斯正是因为帮亚历山大大帝接生，才无暇顾及自己神庙的火灾，最终导致神庙被烧毁。”

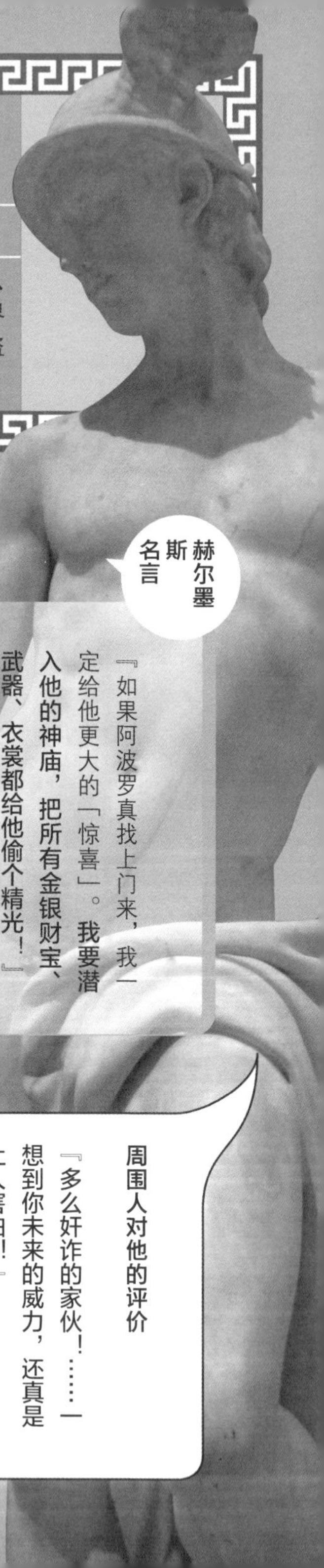

姓名	ΕΡΜΗΣ **赫尔墨斯**	男性
别名	罗马神话：墨丘利（Mercury）	
主要职权	**传令、旅游、雄辩、发明**[①]**、财富、幸运、**商业、赌博、畜牧、占卜、欺诈、冥界向导、魔术（后演变为炼金术）、偷盗者的守护神……	

赫尔墨斯名言

『如果阿波罗真找上门来，我一定给他更大的「惊喜」。**我要潜入他的神庙，把所有金银财宝、武器、衣裳都给他偷个精光！**』

（在偷阿波罗的牛时说道）②

『尊贵的父亲大人！只有我才会对您说实话，我是个只会讲真话的老实人，从来不会撒谎。』

（这句本身就是谎话）③

『我是为父亲宙斯传达命令的传令官。现在我却并不为其传令。我的目的是她，已深深爱上的她。您能帮帮我吗？』

（对赫耳塞的姐姐说道）④

周围人对他的评价

『多么奸诈的家伙！……一**想到你未来的威力，还真是让人害怕！**』

（阿波罗发现自己养的牛被赫尔墨斯偷走时说道）⑤

『你不过是宙斯的跑腿儿而已，一个众神的仆人，还敢在这儿大言不惭、摆架子，臭小子，说吧！你想从我这儿探听什么啊？』

（普罗米修斯与赫尔墨斯舌战时说道）⑥

传令杖（双蛇杖或盘蛇杖）

是一种使者（信使）惯用的标志性的手杖。赫尔墨斯的手杖可以帮他自由往返于天界与冥界之间。后来这支手杖演变为炼金术的象征。

贵族眼里“忠实的传令官”，百姓心中“欺诈与偷盗”之神

赫尔墨斯是“庶民”的理想形象，在古希腊贵族阶层与老百姓眼中，有着截然不同的形象。

贵族们眼中老实的传话人在百姓心中却是会赚贵族钱的生意人，狡猾的骗子，小偷们的保护神。

人物形象

身着传令服的金发少年。外表看来是众神中最年轻的一个，但有时也被刻画为留着胡须的大叔形象。

●『闪耀光芒的美少年……左肩搭着斗篷，那一头耀眼的金发，引来所有人的关注。』⑦

●『赫尔墨斯毫不掩饰地来到人间，他就是这样对自己的外貌自信不已。』⑧

代表圣物

传令杖（双蛇杖/盘蛇杖/两条蛇缠绕的节杖）、带翼的凉鞋、旅人的帽子（有时带着翅膀）、骑着绵羊。旅行用短斗篷、钱袋、笛子、数字『4』⑨、水星。

动物：乌龟、鹤、鹰、野兔、山羊、绵羊、公鸡。

植物：番红花、木莓、无花果、胡桃、黄瓜。

【左】手持钱袋的赫尔墨斯像　【右】牵着马车的赫尔墨斯

生日	每月 4 日（在阿尔戈斯市将每年第四个月定为赫尔墨斯月）
出生地	阿卡迪亚地区的库勒涅山的山洞
家族构成	父亲：宙斯 母亲：迈亚 妻子：无（但也有说他曾和劝导女神佩托结婚[10]） 有名的儿子：牧神潘
美称	阿尔古斯杀手、灵魂引路人、传令神、手持黄金杖的神、忙碌的神、欺诈师、盗贼头目，等等。
恋爱经历（女性）	无数 ·客俄涅（和阿波罗同时爱上客俄涅）[11] ·赫耳塞（赫尔墨斯请求赫耳塞的姐姐阿格劳洛斯允许二人交往，却遭索要巨额钱财甚至被赶出门外，一怒之下将阿格劳洛斯杀死）[12] ·帕拉苏托拉（赫尔墨斯因偷了她的灵感，而被她的兄弟撕碎丢下了库勒涅山。那时的样子便作为“赫尔墨斯石柱”的原型，接受各个地区人们的朝拜）[13]
恋爱经历（男性）	番红花［被赫尔墨斯掷出的铁饼误伤砸死，赫尔墨斯悲伤不已将他变为花朵（番红花的由来）］[14] 等等

主要朝拜地及朝拜仪式

赫尔墨斯并没有雄伟的神庙，人们多是在洞窟、市场、竞技场、十字路口或家里祭祀他。崇拜者多为普通百姓。供品多为蜂蜜、蛋糕、无花果、猪、山羊等。道路上矗立有“赫尔墨斯石柱”用来保护旅人的安全。[15]

·简便的赫尔墨斯占卜

向赫尔墨斯像供奉一枚硬币，对着神像低声诉说自己的问题。之后捂着耳朵到广场上，最先听到的便是赫尔墨斯神对疑问的回答。这比阿波罗神谕所的启示（参见专栏 3）要简便得多，是非常平民化的占卜方式。[16]

·在古代雅典每年都会举行安塞斯特利亚节 (Anthesteria)，这是相当于日本盂兰盆节的盛大亡灵祭祀活动，祭祀活动第三天专门供奉亡灵引导之神赫尔墨斯，这一天禁止供奉除赫尔墨斯外的任何奥林匹斯神。

神话里的主要经历

幼儿期	・降生当晚就成功偷走了阿波罗的 50 头牛。后又与阿波罗成为挚友。
少年期	・奉宙斯之命，设计杀死百目怪兽阿尔古斯（由此获“阿尔古斯杀手”的称号）。 ・帮助刚出生的狄俄尼索斯成功躲过赫拉的追杀并将其安全隐藏起来。⑰ ・儿子牧神潘出生。因牧神潘长着半人半兽的滑稽模样，赫尔墨斯四处向众神炫耀：“快看快看！我的儿子长得多有趣！”狄俄尼索斯尤其喜爱牧神潘，时常帮忙照看他。 ・宙斯在与怪兽堤丰的决战中败北，因断了跟腱被囚禁，赫尔墨斯成功将其救出。 ・成功解救被困在青铜瓮中长达 13 个月之久的阿瑞斯。
公元前 12 世纪	**特洛伊战争** 支持希腊一方，但在与勒托(阿波罗与阿耳忒弥斯的母亲)对决时出于尊重退下阵来。

※ 奉宙斯之命保护英雄等。

①数字、骰子、度量衡、交易等。（狄奥多罗斯《历史丛书》第 5 卷 75 章 2 节）；②《荷马颂歌合集》“致赫尔墨斯”（颂歌第 4 曲）176 行，③《荷马颂歌合集》“致赫尔墨斯”（颂歌第 4 曲）368 行。④奥维德《变形记》第 2 卷 744 行；⑤《荷马颂歌合集》“致赫尔墨斯”（颂歌第 4 曲）405 行；⑥埃斯库罗斯《被束缚的普罗米修斯》940 行；⑦ Apuleius, The Golden Ass 10.30 ff. ⑧奥维德《变形记》第 2 卷 728 行；⑨ 4 在古希腊是代表吉利的数字；⑩ Nonnus,Fionysiaca 8. 220 ff. ⑪许癸努斯《希腊神话集》201 节；⑫奥维德《变形记》第 2 卷 707 行；⑬ Servius on Aeneid, 8.138. ⑭ Galenus,De constitutione artis medicae,9.4；⑮赫尔墨斯石柱，类似于日本街边的地藏菩萨像，多见于道路两侧。四方石柱顶部是留着胡须的赫尔墨斯头像，柱身则是勃起的阴茎。⑯鲍萨尼阿斯《希腊道里志》第 7 卷 22 章 2 节；⑰哄逗狄俄尼索斯的赫尔墨斯石像。

真实VS欺诈、睿智VS狡黠

某日，突然发生的一起巨额偷盗事件，是整个希腊神话史上少有的重大案件。

只听阿波罗喊道："哎呀，怎么不见了！我养的50头肥壮黄牛，怎么突然不翼而飞了？是谁偷走了我的牛！"

光明之神阿波罗饲养在凡间的50头牛，一夜之间踪影全无，这令他勃然大怒，誓要抓住盗贼。就在他四处寻找线索时，却惊奇地发现，被盗的50头牛，居然连脚印都没留下。这更令他怒不可遏："哪个混账家伙，竟敢在我眼皮底下偷东西，是不知道我能洞察一切吗？还没见过谁有这等瞒天过海的本领，我一定把他给找出来，让他尝尝后悔的滋味。"

这个盗贼正是刚出生不久的传令神赫尔墨斯，他掌管欺诈与偷盗、买卖经商等，是普通百姓的朋友①。

那么，赫尔墨斯究竟是怎样做到让牛群不留足迹呢？其实那不过是他临时想出的妙招，把编好的草垫绑在牛蹄子上，这样地面就不会留下任何痕迹。他作为发明创造之神②，刚一出生就展现出超乎常人的才能。

---

① 赫尔墨斯的生日是在每月4日，因数字4与赫尔墨斯相关，因此被古希腊人当作幸运数字。

人们甚至用阿波罗VS赫尔墨斯代表真实之神VS欺诈之神、睿智之神VS狡黠之神，乃至贵族VS贫民。

② 赫尔墨斯的发明有竖琴、字母、数字、骰子、度量衡等。

阿波罗为了找到自己的牛费尽周折，西至最西端的皮洛斯，东至维奥蒂亚，找遍了方圆300多公里，却一点儿线索都没找到。

就在阿波罗大海捞针似的四处寻找之时，赫尔墨斯早把偷来的50头牛分别藏了起来，销毁了所有证据。赶着天亮之前悄悄回到母亲身边，连门锁都没动，钻进自己的摇篮里，就好像一整晚都睡在里面从没离开过。

赫尔墨斯圆满完成整个犯罪，这一切却被母亲迈亚察觉到了，她怕儿子做了什么坏事担心不已。赫尔墨斯见状连忙安慰母亲："母亲大人，您大可不必担心。尽管看好戏吧，我一定能成为和阿波罗一样受众人敬仰的神。我要像他那样富足、多金，拥有无数肥沃的土地。为什么只有我们母子无人供奉，还要生活在这狭窄昏暗的洞窟里呢？这太不公平了！……要是阿波罗真找上门来，尽管根本不可能……，我一定给他更大的'惊喜'。我要潜入他的神庙，把所有金银财宝、武器、衣裳都给他偷个精光！"

赫尔墨斯出生于阿卡迪亚的库勒涅山的山洞中，阿卡迪亚是群山环绕的乡间小镇

尽管赫尔墨斯自信满满计划周全，但他却忘记了对手阿波罗是掌管预言与占卜的神。虽没能找到任何证据，但仅凭眼前飞过的鸟儿（所谓飞鸟占卜，就是用鸟儿飞行的方向判断吉凶），阿波罗便察觉到了窃贼正是赫尔墨斯。

阿波罗说：“这一占卜我就察觉到了，窃贼正是赫尔墨斯！在我的法术跟前什么小把戏都无济于事！”说着就冲到赫尔墨斯家里，喝道：“总算找到你了，睡在摇篮里的那个小崽子，快说！把我的牛藏到哪里去了？再不说就送你去地狱受死！”

所有人都为陷入完全被动局面的赫尔墨斯捏了一把汗，谁知接下来他将为人们上演精彩的欺诈与雄辩之神的本领，并且将其发挥得淋漓尽致。

赫尔墨斯答道：“尊贵的阿波罗大神，正如您看到的一样，我只不过是个刚出生的婴儿，难道我要爬着去偷您的牛吗？您知道您的尊口正在说着多么愚蠢的话吗？”

阿波罗生气地说道：“我是指认事实的神，我说你是盗牛贼，那就是毋庸置疑的事实！”

赫尔墨斯却不慌不忙地答道：“您是觉得自己说的都是真理，所以就可以随意诬陷一个婴儿是吗？”

阿波罗被逼得差点叫出来：“你偷牛是事实！”

“您可是众神中性格最粗暴的一个！请您冷静些，这样对一个婴儿大喊大叫可要算虐待呢！”

摆在眼前的事实赫尔墨斯却矢口狡辩，这让阿波罗气急败坏，怒吼道："闭嘴！你这狡猾的小鬼，跟我来！"说着他一把将赫尔墨斯从摇篮里拽出来，赫尔墨斯则对着阿波罗又是打喷嚏又是放屁①。

阿波罗气得来不及多想，举起赫尔墨斯正要往地上扔，却被他得空挣脱了……两个人就这么你追我躲地折腾了几个回合，终于阿波罗抓住了赫尔墨斯。就在阿波罗讥笑赫尔墨斯毫无反抗之力时，他早已想好了其他对付阿波罗的手段。

赫尔墨斯说道："我要控告你！咱们宙斯法庭见。阿波罗，你若非要强加罪名于我,那只能让法官来判定咱们谁对谁错了。"

两人一边吵着一边向奥林匹斯的宙斯宫殿走去，却在天神父亲面前上演了不一样的证言。阿波罗作为转述事实的神，只是如实说出了自己看到的事实。而赫尔墨斯却说自己被人威逼利诱，并指责阿波罗没有任何物证，硬要说自己是犯人。最后还不忘做戏地说道："各位可都看到了，和阿波罗不同，我只是个刚出生不久，手无缚鸡之力的小家伙……还请各位一定要爱护幼小啊……"末了他甚至要委屈得哭出来了。

看着两个人像孩子一样地争吵，宙斯大笑起来："你们两个人才啊！我的宝贝儿子们，真有意思！赶紧停止这毫无意义的争吵。阿波罗你不能对弟弟如此粗暴，赫尔墨斯你也赶紧告

① 向对手打喷嚏放屁，这种非常污秽的动作，被认为具有一定的诅咒意味。例如，古希腊人看到不吉利的东西就会对着自己胸口吐三次口水。

诉阿波罗他那 50 头牛的下落。”就这样，宙斯哭笑不得地判完了官司，没有惩罚任何一方。只有阿波罗不满意审判结果，当他得知自己的 50 头牛全都被赫尔墨斯宰杀，再次勃然大怒。正要发火时，一个用牛肠龟甲做成的乐器却让他眼前一亮，他问道：“喂！这是什么？我怎么从没见过这个乐器。”

赫尔墨斯答道：“这叫‘竖琴’，是我昨天新发明的。你要不要听上一曲啊？”说着他一边弹奏竖琴一边唱了起来。从未听过的动人旋律，一下子打动了阿波罗的心，他不由得说道：“太了不起了，赫尔墨斯！我掌管音律这么久，从没听过如此动人的乐曲。这么美妙的旋律简直让人沉醉！这乐曲能一扫忧愁，让一切都变得美好！哦，对了，那些牛的事情，哥哥就不和你计较了，全都送给你吧。我亲爱的弟弟，你简直就是无人能敌啊！能不能将这把琴送给哥哥啊？和区区几头牛相比还是

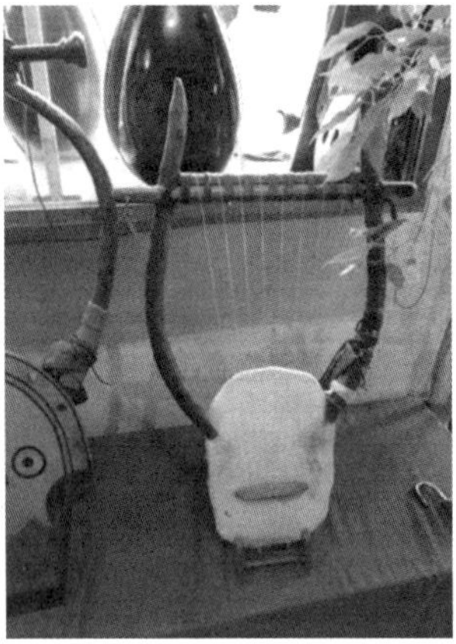

古希腊竖琴。它是在龟壳上绑上牛肠弦制作而成。相传赫尔墨斯最初制作的竖琴是 4 根弦，后来阿波罗将其改为 7 弦（4 是赫尔墨斯的代表数字，7 则是阿波罗的代表数字）

手持竖琴的阿波罗。旁边是赫尔墨斯

你的手艺更有价值啊。”

赫尔墨斯听了这话立刻说道：“您可是第一个认可我能力的人！”

刚才还闹得不可开交的两兄弟，仅仅半天时间就和好如初，看到两人抱着竖琴高高兴兴返回奥林匹斯山的样子，宙斯一边笑着一边催促两人缔结友谊盟约，从此他们成了好朋友。

传令神为何亦是偷盗之神?

以上内容均来自神话《赫尔墨斯赞歌》，读到这里不难发现，相比高贵强权的阿波罗，赫尔墨斯则用自己的智慧和技艺与之较量，才有了二人平等的交锋。

赫尔墨斯是能帮助古希腊普通民众实现理想的神。因此，

传令神伊里斯

他掌管着与百姓息息相关的领域，从传令（听从伟人的指示）、旅行、交涉、发明、富有、幸运[①]、商业、偷盗[②]、赌博、狡诈、畜牧、运动、冥界先驱，到魔术、教育，凡是老百姓需要的他都样样精通。

然而现存的希腊神话多是对贵族生活的描述，在这样的希腊神话里赫尔墨斯被刻画成为宙斯及其他神传递消息的信使。[③]在贵族阶层看来普通百姓只是默默顺从的配角，永远无法成为故事的主角。

但在《赫尔墨斯赞歌》中记录着百姓口中活生生的赫尔墨

① 古希腊人认为路上掉落的钱包、金银都是赫尔墨斯神的恩惠。因此拾到的东西都被称为“赫尔墨斯所有物（属于赫尔墨斯的东西）”。

② 古希腊在乡下偷盗牛并不算犯罪，甚至常常被认为是施展本领取得的成果。

③ 除赫尔墨斯外，彩虹女神伊里斯也是希腊的传令神。但与赫尔墨斯不同，她极具贵族特色，没有任何与庶民相关的职能，专职侍奉女神赫拉，以及最高主神宙斯与赫拉两夫妇的宠物。

斯，他绝不会从属于贵族阿波罗，即使没有很大的权力，他也会凭借聪明才智与权贵抗衡，甚至会骄傲地辩说："就连象征阿波罗的竖琴与音乐，也是我们普通百姓的发明。"这才是古希腊老百姓心中的赫尔墨斯。

姓名	ΔΗΜΗΤΗΡ **得墨忒耳** 女性
别名	罗马神话：刻瑞斯（Ceres）
主要职权	**谷物、食物、农业、**丰收、饥饿、死后的幸福（厄琉息斯秘仪）

得墨忒耳名言

『无知又鲁莽的人类，还有那些能够预知命运多变的神灵们，我正是久负盛名的得墨忒耳，是我给予天上众神及凡间人们最高利益，是我为你们送去喜悦。』①

『宙斯啊，请不要忘记，我女儿的父亲到底是谁？（※是宙斯）。你也有照顾孩子的义务。那些做坏事、强行掳走别人女儿的人却幸福美满。珀耳塞福涅与她那强盗丈夫一点儿也不般配。但你却对发生的一切置若罔闻。不报仇，只是一味地忍受？请让哈得斯还回我的女儿，让他偿还自己犯下的错误。』

（女儿被掳走后质问宙斯）②

周围人对她的评价

『贵安，夫人！一看就知道，您一定生得显贵并非卑贱出身。**您为人们布施秘仪，您特有的王者气质无比威严。**』

（墨塔尼拉对装扮成凡人的得墨忒耳说道。）③

『真是贪婪啊，大婶！』

（人类少年对正在喝粥的得墨忒耳说道。）④

手握人类与众神的胃袋乃至世界生死存亡的大地母亲——谷物女神

得墨忒耳如丰饶女神一般洋溢着母性的光辉，但那平日里温顺的性格一旦被激怒则会比谁都可怕。

当挚爱的女儿被冥王哈得斯掳走，母亲得墨忒耳怒喊着：“要让大地颗粒无收，让人类和众神都因饥饿而死去。”她说到做到，整个世界因为这母亲的愤怒即刻陷入饥荒，濒临灭亡。

平常温柔不发火的女神一旦被激怒，全人类乃至所有神灵都要低头认错，真不愧是手握全世界的胃袋。

● 『带着淡淡幽香的长裙总是洋溢着芬芳，女神那永不衰老的肌肤散发着迷人的光彩，齐肩的金色长发在风中轻轻摆动。』⑤

● 『女神头戴面纱，悲伤压抑着她沉沉地坐在椅子上发呆……衣带渐宽的她因为对女儿的思念日渐憔悴。』⑥

人物形象

平静安详的金发女神。

代表圣物

麦穗、麦穗冠、丰收之角、偶尔会佩黄金剑。

植物：大麦、小麦、薄荷、罂粟。

动物：蛇、斑鸠、猪、马。

【左】手持权杖的得墨忒耳雕像

【右】得墨忒耳（左）和站在她前面的珀耳塞福涅（右）

生日	不详
出生地	不详
家族构成	父亲：克洛诺斯 母亲：瑞亚 女儿：长女珀耳塞福涅（科瑞）（与宙斯所生） 次女［据说是得墨忒耳与波塞冬所生，秘仪禁止提她的名字。珀耳塞福涅的妹妹。人们常借用戴斯波伊娜（女主人）这个名字代替她。除入信特殊秘仪的信徒外，任何人不得说出她的名字，所以此处不予提及。⑦］
美称	丰收女神、伟大神母、绿色之神、女主人、美丽脚踝之神、金发女神、规则女神、铁面无私的女神、黑衣女神⑧，等等。
恋爱经历（女性）	无
恋爱经历（男性）	**· 宙斯** 以蛇身与得墨忒耳交合，生下女儿珀耳塞福涅。⑨ **· 波塞冬** 在得墨忒耳四处寻找被掳走的女儿时，波塞冬受情欲驱使，疯狂追求得墨忒耳，得墨忒耳变身马匹逃走，波塞冬也变成马匹强行与她发生关系。愤怒的得墨忒耳用泉水清洗身体，清泉都因怒气染成黑色，之后得墨忒耳生下了骏马阿里翁。⑩ · 其他。凡人伊阿西翁等。

①《荷马颂歌》“致得墨忒耳”（颂歌第 2 曲）256 行；②奥维德《岁时记》第 4 卷 587 行；③《荷马颂歌》“致得墨忒耳”（颂歌第 2 曲）210 行；④当然，少年因惹怒了女神，随即被变为蜥蜴。奥维德《变形记》第 5 卷 452 行；⑤《荷马颂歌》"致得墨忒耳"（颂歌第 2 曲）276 行；⑥《荷马颂歌》"致得墨忒耳"（颂歌第 2 曲）198 行；⑦鲍萨尼阿斯《希腊道里志》第 8 卷 37 章 1 节；⑧这是女儿被掳走时对她的称呼；⑨以蛇的样子交合，是希腊秘传宗教俄尔甫斯教的神话。赫西俄德《神谱》912 行。⑩鲍萨尼阿斯《希腊道里志》第 8 卷 25 章 5 节。⑪鲍萨尼阿斯《希腊道里志》第 1 卷 38 章 6 节。

神话里的主要经历

诞生	降生后随即被父亲克洛诺斯吞入腹中，后被宙斯救出。
成年期	・女儿珀耳塞福涅（科瑞）被哈得斯掳走。 因失去女儿而暴怒，致使整个世界谷物枯竭，人类濒临灭亡。 ・罢工期间将自己关在厄琉息斯，在此向人们传授“厄琉息斯秘仪”。 ・归还珀耳塞福涅。四季的诞生。

※ 施法让企图砍伐自己圣树的厄律西克同永远饥饿，授予潘达柔斯一生不会胃痛的能力。正如谷物女神的称号一般，有关得墨忒耳的神话多与食物相关。

主要朝拜地及朝拜仪式

・厄琉息斯秘仪
在只注重现世利益的希腊神话世界，厄琉息斯秘仪与众不同，是主张谋求“死后的幸福”的秘仪之一。得墨忒耳在此秘仪中占有重要地位。因规定“泄露秘仪内容者将被处死”，因此秘仪内容不为人知。[11]

・人们多用最早成熟的稻穗祭祀得墨忒耳，并且多是共同祭祀得墨忒耳与珀耳塞福涅母女二人。

被认为是能够表现厄琉息斯秘仪的浮雕。浮雕右上方刻有正襟危坐的得墨忒耳，手持火把的是女儿珀耳塞福涅，她正在引导来参加祭祀的人群。浮雕下部刻有秘仪使用的圆锥形神石

得墨忒耳能置神于死地?

谷物女神得墨忒耳掌管着一切生物的口粮，无论人类或是众神都要受制于她。她会让帮助过她的男人一辈子不为消化不良困扰[①]，也曾与心爱的男人在田地里缠绵[②]，甚至一不留神吃掉了世间凡人[③]。

这位谷物与大地的女神得墨忒耳，她的神话故事多与食物有关。另外，她还是孕育万物的丰收女神，只要人类不做什么过分的事[④]，她就是位和蔼可亲的神。

就是这位温柔的得墨忒耳，也曾有过险些将人类与众神置于死地的壮举。如何将拥有绝对权力的不死众神逼近绝境？要弄清怎么将众神置于死地，还得从她的罢工的故事说起。

得墨忒耳罢工记

得墨忒耳与宙斯育有一女，名叫科瑞[⑤]，因生得貌美而赢

---

① 只是受到此恩惠的潘达柔斯变得食量惊人，每天必须进食很多东西。真可谓具有两面性的恩惠。

② 在古希腊，在田地里做爱是一种祈愿丰收的巫术。

③ 一天坦塔罗斯杀了儿子珀罗普斯，把他的肉做成炖菜供奉众神。别的神都识破了他的诡计，只有得墨忒耳吃了下去。

④ 相传厄律西克同为修建自己的宴会场，竟要砍伐得墨忒耳圣林的神树。因此遭到得墨忒耳的诅咒，永远无法满足的饥饿感，迫使他啃食自己的身体而亡。

⑤ 科瑞便是后来成为冥界天后的珀耳塞福涅，在嫁为人妻之前一直被称作处女神。

得一众男神的爱慕，疯狂的追随者们纷纷携带重礼登门，阿波罗拿着心爱的竖琴、赫菲斯托斯手捧金银首饰、赫尔墨斯拿着至高无上的权杖、阿瑞斯则奉上了自己的爱枪（暂不说送女孩这种东西是否合适），他们单膝下跪“嫁给我吧！美丽的科瑞！”，求婚的誓言层出不穷。然而母亲得墨忒耳却一个也看不上，把这些男神们纷纷赶了回去，并说道：“怎么能把我可爱的女儿交给这些个不成体统的希腊男神。”于是她决定将女儿科瑞藏到遥远的西西里岛[①]深山里。

突然有一天，如此疼爱的女儿却不见了踪影，得墨忒耳上天入地到处疯狂地寻找，无论是天上的众神，还是凡间的人们，没有一人敢告诉她女儿的下落，得墨忒耳伤心欲绝。她想到了太阳神赫利俄斯能够洞察一切，于是向他逼问女儿的下落。赫利俄斯答道：“掳走您女儿的是冥王哈得斯。他将您女儿抓到黑暗冥界的最下面去了，顺便说一句，主神宙斯可是他的同谋。哈得斯向主神宙斯提出，要迎娶您的女儿做冥界王妃，主神宙斯应允了他的要求。然而，尊贵的女神啊，您仔细想想，这也不是什么坏事。哈得斯贵为冥王，是众神里领地最大的神。就连您的弟弟不是也被他打败过，如此显赫的权势加上统领整个世界三分之一的疆域，没有配不上您的女儿啊！”没等赫利俄斯把话说完，得墨忒耳就急了：“开什么玩笑！谁愿把自己可

① 神话里记载西西里岛自此物产富饶。正是因此，这里成为得墨忒耳和科瑞的著名朝圣之地。

在厄琉息斯如今仍有得墨忒耳罢工时长坐不起的水井

爱的女儿嫁到地狱去，激怒掌管谷物的女神是会后悔的！”

自从知道女儿被冥王哈得斯掳走，得墨忒耳将自己关在厄琉息斯的家中，丢下了应尽的职责，大地寸草不生，庄稼全部枯萎。她禁止一切植物在土地生长[①]，并声称：“只要冥王哈得斯不还我女儿，我就让大地颗粒无收，人类因饥饿而亡。终结了供奉，天上众神也要因此灭亡！”

冥王哈得斯才不理会得墨忒耳的哀号：“请便吧！死的人越多我冥界的臣民就越多！这与上天众神又有何关联，你尽管制造死亡吧！”话虽如此，得墨忒耳的罢工，却让以宙斯为首的天上众神惶恐不已，要没了供奉自己的人类，众神们也会因饥饿无法存活[②]。

---

① 这对人类来说是被诅咒的一年，在奥维德的《变形计》中就有这样的记载：“撒在大地上的种子没有一颗会发芽，田地里耕牛如何劳作也长不出庄稼，无论播撒多少大麦也无法结出果实。”

② 就连传令神赫尔墨斯都说，不愿去没有人类供奉的地方传令。《奥德赛》第 5 卷 93 行之后。

宙斯即刻下令所有神灵都去游说得墨忒耳，大家轮番赶往得墨忒耳家中，有的花重金收买，有的软硬兼施，但无一奏效。最后只得主神宙斯出马，他对得墨忒耳说道：“虽说哈得斯确是地狱之主，但能成为他的妻子也是很荣耀的啊！要说哈得斯的不好，只是他抽签运气不好罢了[①]。”

任凭宙斯再怎么劝说，女神就是坚决不听。

宙斯看说不动得墨忒耳，只得下令：“劝说得墨忒耳看来是行不通了，只有去找哈得斯要回她的女儿，传令神赫尔墨斯听令！速去冥界劝说哈得斯放了科瑞，你此行可是关系到整个宇宙的安危！”赫尔墨斯得令即刻前往冥界。

——后续内容我们将在哈得斯与珀耳塞福涅的章节为大家揭晓。

① 宙斯、波塞冬、哈得斯三人在决定如何分配世界主权时，采用了抽签的方式。结果宙斯分得天界，波塞冬分得海域，哈得斯接受了冥界。

姓名	ΠΕΡΣΕΦΟΝΗ **珀耳塞福涅**（科瑞）	女性
别名	**罗马神话：普罗塞耳皮娜（Proserpina）**	
主要权职	冬（在冥界时）：冥界女王（哈得斯的妻子） 夏（在凡间时）：丰收与植物、春芽女神（得墨忒耳的女儿）	

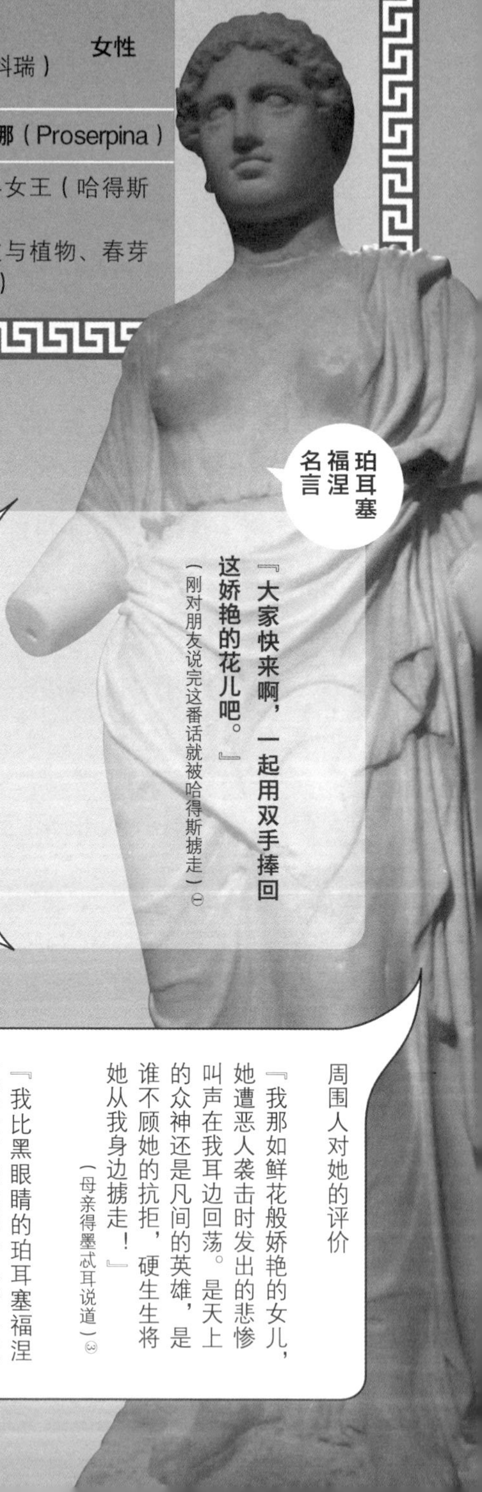

珀耳塞福涅名言

『大家快来啊，一起用双手捧回这娇艳的花儿吧。』

（刚对朋友说完这番话就被哈得斯掳走）①

『众人拥护的哈得斯强大无比，他不顾我的抗拒，强行拽我上了黄金马车，一路到了地狱。我拼命地高声呼叫。母亲啊！我好苦，快来救救我！』

（对母亲得墨忒耳说道）②

周围人对她的评价

『我那如鲜花般娇艳的女儿，她遭恶人袭击时发出的悲惨叫声在我耳边回荡。是天上的众神还是凡间的英雄，是谁不顾她的抗拒，硬生生将她从我身边掳走！』

（母亲得墨忒耳说道）③

『我比黑眼睛的珀耳塞福涅更高贵、美艳！哈得斯一定会回到我的身边，到时候一定要将珀耳塞福涅赶出他的宫殿！』

（哈得斯前女友明塔醋意满满地说道）④

『冥界女王珀耳塞福涅，我恨不得手持篦梳将你撕得粉碎，再冲你喊道：「赶紧消失吧，你这个混蛋！」』

（咒骂的话语）⑤

既是代表凡间植物的少女，又是地狱的女王，身兼二职的女神

季节不同她掌管的领域也会截然不同，是身兼二职的女神。夏季作为丰收女神得墨忒耳的女儿（科瑞），与母亲一同接受人们的朝拜。冬季则是哈得斯的妻子（珀耳塞福涅），成为可怕的冥界女王。（本书将分析珀耳塞福涅之所以会是如此境遇的原因）珀耳塞福涅是附属于母亲得墨忒耳与丈夫哈得斯的神，没有独立的神格。几乎没有以她为主体的神话。

●『拥有纤细脚踝的少女神』[6]

●『拥有花蕾般容颜的处女』[7]

人物形象

金发的年轻女神。时常陪伴在母亲得墨忒耳或丈夫哈得斯身边。

图片下方是驾驶不死战马掳走珀耳塞福涅的哈得斯

图片上方是发现珀耳塞福涅被抓走后奋力追赶的众神

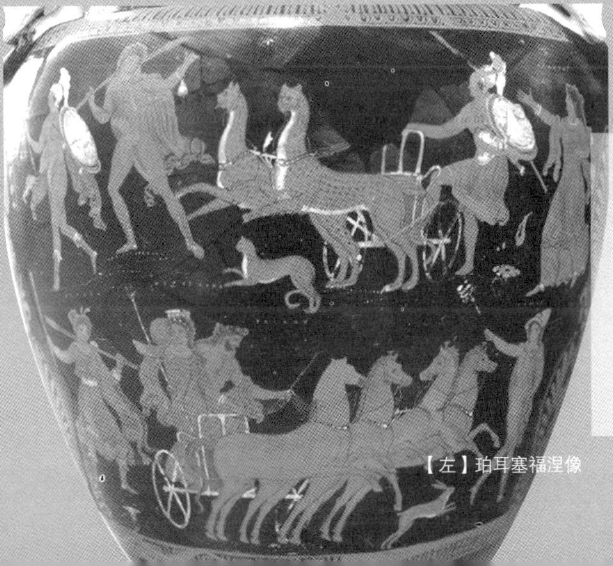

代表圣物

植物：石榴、水仙、火把、谷穗。

【左】珀耳塞福涅像　【右】珀耳塞福涅被掳走

生日	无
出生地	不详（因父亲宙斯将西西里岛赠予她，那里便成为她心仪的地方）⑧
家族构成	父亲：宙斯 母亲：得墨忒耳 丈夫：哈得斯 子女：扎格柔斯（狄俄尼索斯的化身）⑨ 地下神墨利诺厄 复仇女神厄里倪厄斯
美称	科瑞（少女）、蜂蜜新娘、纯洁少女、年少女神、带来丰收的女神、尊贵的女神们（与母亲得墨忒耳合称），等等。
恋爱经历（女性）	**无**
恋爱经历（男性）	· **宙斯** 宙斯是珀耳塞福涅的亲生父亲，但在俄耳甫斯教的神话中，宙斯化身为一条巨蛇，与珀耳塞福涅发生关系后生下儿子扎格柔斯（也有将他与狄俄尼索斯混淆的说法）。⑩ · 宙斯幻化成哈得斯的模样，与珀耳塞福涅结合，孕育了女神墨利诺厄。墨利诺厄分别继承了宙斯和哈得斯的不同肤色，降生时一副半黑半白的斑驳肤色。⑪ · **阿多尼斯** 叙利亚美少年。在年幼时他就迷倒了爱神阿佛洛狄忒，担心他被其他众神吃掉，阿佛洛狄忒将阿多尼斯藏入箱中，后交给冥后珀耳塞福涅抚养。然而珀耳塞福涅也被他的美艳吸引，不愿将他还给阿佛洛狄忒。 主神宙斯出面调停。判定："阿多尼斯一年中三分之一的时间在凡间与阿佛洛狄忒一同度过，另外三分之一在冥界与珀耳塞福涅一起，剩下的三分之一时间独自一人度过。"但实际上阿多尼斯独自一人期间也会与阿佛洛狄忒在一起，最终他一年当中三分之二的时间都与阿佛洛狄忒共度（事实上是他抛弃了珀耳塞福涅）。⑫

神话里的主要经历	
幼年期	所有男神都来向她求婚。阿波罗拿着竖琴、赫尔墨斯手持权杖、赫菲斯托斯带着他精心打造的首饰、阿瑞斯甚至将自己的爱枪作为礼物前来求婚，但母亲得墨忒耳却将他们统统拒绝。
成年期	・在西西里岛的锡拉库萨附近田野上采花时被冥王哈得斯掳走。之后，一年当中三分之一的时间在冥界作为哈得斯的妻子度过。 哈得斯掳走珀耳塞福涅时，之前与他相恋的水泽明塔嫉恨地说道“我明明比她更好看”。听到此言的得墨忒耳(也许是珀耳塞福涅本人)愤怒不已，将明塔踩碎。之后明塔化身为弱小的野草薄荷。⑬

主要朝拜地及朝拜仪式

她多与母亲得墨忒耳或丈夫哈得斯一同接受人们的朝拜(详见得墨忒耳或哈得斯的履历书)。
喜爱的供品有：蜂蜜、牛奶、点心。

陪侍在哈得斯(右)身旁的珀耳塞福涅(左)。在这组浮雕上并没有刻出二人的名字，只写有“某某神、某某女神”的字样。这是因为人们刻意回避直接书写不吉利的冥界之神的名字

①奥维德《岁时记》第4卷431行；②《荷马颂歌》“致得墨忒耳”(颂歌第2曲)430行；③《荷马颂歌》“致得墨忒耳”(颂歌第2曲)65行；④Oppian, Halieutica 3. 485 ff. ⑤第欧根尼·拉尔修《名哲言行录》第9卷10章58节；⑥《荷马颂歌》“致得墨忒耳”(颂歌第2曲)2行；⑦《荷马颂歌》“致得墨忒耳”(颂歌第2曲)9行；⑧狄奥多罗斯《历史丛书》第5卷3章1节；⑨Orphic hymm 26. 71；⑩Orphic Hymn 30(to Dionysus.)；⑪Orphic Hymn71 (to melinoe)；⑫阿波罗多洛罗斯《希腊神话》第3卷14章4节；⑬Oppian, Halieutica3. 485 ff.

火山喷发引来的爱情故事

轰隆一声巨响，打破了冥府平日的寂静，让宝座上的冥王哈得斯也为之一惊。原来是凡间西西里岛的埃特纳火山[①]喷发引来的巨响。

> 冥王哈得斯说道："地面有了裂缝，万一阳光照进来，会引来地狱亡者的恐慌，我的那些臣民如何是好啊！"（奥维德《变形记》）

掳走科瑞的哈得斯。母亲得墨忒耳正驾驶飞蛇战车在后面追赶

① 在得墨忒耳一节中提到过，科瑞被母亲关在西西里岛上，藏在位于西西里岛中心的恩纳。一天在锡拉库萨城附近采花时，偶遇来埃特纳火山视察的哈得斯。有关科瑞具体是在何处被掳走，各地有着不同的说法。

担心不已的哈得斯说罢就驾着黑马战车，赶往埃特纳火山附近查看并没有发现什么异常，这才放下心来，正要打道回府，却看见路边有位花容月貌的美丽少女，这姑娘正是得墨忒耳的女儿科瑞。就是这一眼，哈得斯深深爱上了美丽的科瑞。与其他众神不同，他并没有被感情冲昏头脑，狡猾、冷静的他，选择先扫平周围的障碍，于是找到了科瑞的父亲宙斯，恳求弟弟把女儿嫁给自己。征得宙斯的同意，这才转回身去找科瑞。

> 为了引起科瑞的注意，他变作一朵娇艳的水仙①，拥有花蕾般容颜的科瑞被眼前美丽的水仙吸引，“这花看着就让人心醉……”说着，便伸出双手去摘。这时，大地一下子裂开，大名鼎鼎、战无不胜的克洛诺斯之子哈得斯，驾着马车出现在眼前。无力抵抗的少女就这样被抓上了黄金马车，任凭她怎样哭喊，哈得斯也不管不顾，硬生生将她带回冥界。②

这就是前一节里，得墨忒耳愤然罢工的故事的起因。得墨忒耳绝望地怒喊：“若不还我女儿，我就让整个世界饥荒灭亡。”随着她的罢工，世界一切生物陷入濒死的绝境，这可怕的一切

① 水仙多生长在水边或潮湿的地方，常在墓地周围盛开。

② 《得墨忒耳赞歌》。

被掳上黄金马车的珀耳塞福涅

都源自哈得斯那如火般热烈的爱情。（只因个人的一见钟情却能引来整个世界的灭亡，这就是神话世界的可怕之处。）

此时另一位传奇人物登场了，那就是善后专家[①]——传令神赫尔墨斯，他欣然接受了宙斯的委派，只身一人赶赴冥界，只为打破这命悬一线的危急局面。

当赫尔墨斯勇闯冥界，来到哈得斯的寝室，床榻上的哈得斯和科瑞让他为之一惊。眼前的科瑞早已不是当初那个娇羞的小丫头，她欣然接受了丈夫哈得斯赐予她的新名字——珀耳塞

① 此外赫尔墨斯还帮父亲宙斯处理过出轨丑事的善后工作等，他常常被宙斯派去处理各类杂事。

福涅[1]。

眼看着一切似乎已成定局，赫尔墨斯还是尝试着对哈得斯说道："尊贵的哈得斯陛下，请您放她回去吧！珀耳塞福涅冥妃的母亲得墨忒耳，因失去女儿怒不可遏，整个凡间都因这母亲的怒火危在旦夕！"

这可是希腊神话中数一数二的较量，若是冥王拒绝放人，凡间便会因此灭亡。如此危急时刻，哈得斯却只是抬眉浅笑[2]，面对赫尔墨斯的游说他早已胜券在握。

只见他答道："好的，珀耳塞福涅，回到母亲身边去吧！只是请牢记你对我那份温柔、炙热的情感！"

珀耳塞福涅这才欣然接受，从床上站起身来，赫尔墨斯也总算放了心，闭上眼睛在一旁等待珀耳塞福涅穿好衣服。就在这眨眼的工夫，哈得斯连忙将一粒甘甜的石榴籽[3]喂进了珀耳塞福涅的嘴里。

当时的珀耳塞福涅根本不知道丈夫这么做的目的，直到重返人间与母亲重逢,她才恍然大悟,原来是又中了哈得斯的诡计。冥界早有规定，凡是吃了这里的东西，就必须重返冥界。

就这样珀耳塞福涅每年有三分之一的时间要留在冥界，剩余时间则是在人间与母亲在一起。得墨忒耳憎恨女儿不在身边

① 珀耳塞福涅这个名字被解释为打破光明的女性，或炫目之光的意思。

② 传说哈得斯从来不会笑，所以只能通过上扬眉毛来表达微笑。

③ 石榴多种在墓地，常被当作死者的陪葬品，是与冥界密切相关的水果。此外它也是丰产与婚姻的象征。

罗赛蒂的《珀尔赛福涅》

的时光，这期间她令一切植物停止生长，人世间便成了不毛之地。

“寸草不生”究竟是春还是夏?

上面的神话故事被称为希腊神话里季节起源的说法。说到万物停止生长的时候，人们立即想到了寒冷的冬季。但在希腊，当地人却认为骄阳似火的夏季更合适“寸草不生”，冬季小麦的种子开始发芽，实则是富饶的季节。有关这一神话，有着不同版本的解释，有说：珀耳塞福涅去到冥界的季节并不是冬天而是夏天。还有说：这一切与季节无关，只是表示月亮的阴晴圆缺，因为珀耳塞福涅赶往冥界就意味着新月。

姑且不论究竟哪个版本更真实，仅是对哈得斯抢妻神话本身来说，珀耳塞福涅被骗为人妻虽然可怜，但作为丈夫的哈得斯也并非一无是处。在与珀耳塞福涅结婚后，屈指可数的出轨次数就是最好的证明。这与宙斯、波塞冬两兄弟的风流事迹相比，仅仅两次出轨［明塔（薄荷）和琉刻（白杨树）］[①]，以希腊神话的世界观来看，确实算得上是“难得的模范丈夫”。

有关哈得斯的花边新闻或爱情神话并不多，为何会这样我们将在下一节中为大家揭晓。

① 明塔是住在明塔山的水泽仙女，与哈得斯偷情，被珀耳塞福涅发现，遭其踩踏化身薄荷。在古希腊，薄荷常常被用来消除死者身上的尸臭，因此与冥王渊源颇深。在得墨忒耳和科瑞（珀耳塞福涅）的祭祀仪式上也常使用薄荷。

琉刻是哈得斯的另一位情人，死后化身为白杨树。白杨树是哈得斯的圣树，他头戴白杨树叶做成的王冠。白杨树叶面是白色但里面却是黑色的，有解释说正是因为冥王爱上了她才会这样。哈得斯与琉刻的恋情也并非出轨，琉刻只是他与珀耳塞福涅婚前的女友。

姓名	ΑΙΔΗΣ **哈得斯** 男性
别名	罗马神话：普路托（Pluto）
主要职权	**冥界法庭之王**① 咒术、财富、矿物、宝石、丰收、埋葬死者、葬礼。对死者不敬的人。

哈得斯名言

『亲爱的珀耳塞福涅，请你对我多些温柔与关怀，不要总是那么悲伤。在不死众神当中，我也并非配不上你的那一个。』

（对妻子说道）②

『为何要打破我悼念死者的宁静时光，为何不允许我憎恨光明？如果一切能如我所愿，请解放这冥界，让黑暗遮住所有的阳光！』

（当冥界破洞时说道）③

『再见啦！埃斯库罗斯，请用善良的忠告拯救凡间，并告诉我谁才是愚蠢的家伙，怕是多如牛毛吧。请告诉你的同伴，让他们赶紧来我这报到。胆敢磨磨蹭蹭，我就亲自出马，为他烙上印记，戴上手铐脚镣将他扔进冥府。』

（对返回人间的埃斯库罗斯说道）④

周围人对他的评价

『冥王啊，没有得墨忒耳的同意，您无法成为珀耳塞福涅的丈夫。强行将她掳走更是乱来。先得满怀诚意地求婚，结婚是要先征得对方同意的，而不是用像您这种恐怖的方式啊！』

（库阿涅仙女看到哈得斯强行掳走珀耳塞福涅时说道）⑤

『就算哈得斯还有其他缺点，因为是我宙斯的兄弟，仅此一点都能证明他是出色的男神吧。再说，他确实也并不比我差，只是我们兄弟三人抓阄时他的运气比我差了一点而已。』

（当别人向他抱怨哈得斯时宙斯说道）⑥

好莱坞电影里的大坏蛋也是希腊神话里最诚实的冥界之王

在迪士尼动画《大力士》等以希腊神话为主题的电影、动漫中，哈得斯总是被塑造成坏人的形象。每每出场必定是为了让世界灭亡，并时常放声大笑。然而他原本并非邪恶之神，也从没想过要征服世界。他一向严格认真，在审判亡人时从没有恻隐之心，是个公正不阿、喜爱黑暗的诚实神灵。

在私生活毫不检点的希腊男神当中，他可以说几乎没有见异思迁过，是少有的模范丈夫⑦。尽管如此，妻子珀耳塞福涅还是与他约定，一年只有冬季的 4 个月能在冥府陪他一起度过。

“表象的希腊神话”是以天界众神为中心的现世利益主义，哈得斯身处其中并不醒目。但在“内在的希腊神话”（俄耳甫斯教、厄琉息斯教等追求死后幸福的古希腊宗教）当中，受到了人们狂热的追捧。

- 『身着黑色丧服，手持利剑的哈得斯。』⑧
- 『冥界之王哈得斯有着如怪兽般庞大的身躯。』⑨
- 『哈得斯在黑暗中拿起门闩，为广大死者敞开地狱之门。』⑩
- 『（当冥界与凡间有了裂缝时）哈得斯显示出前所未有的恐惧，望着眼前的星空瑟瑟发抖，沐浴着温暖的阳光却勃然大怒。』⑪

人物形象
满脸胡须，威严、神情凝重的大叔。

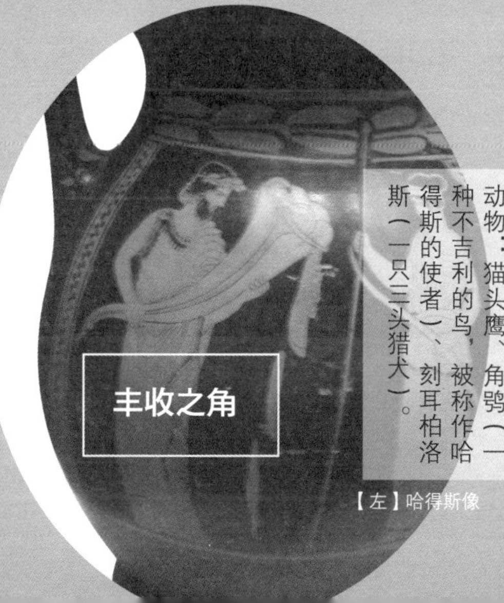

代表圣物

隐形头盔（用皮草制成，戴上它即可消失）、权杖、宝座、果园、冥界门锁、丰收之角。

植物：柳杉、薄荷、白杨树、长春花、水仙、石榴。

动物：猫头鹰、角鸮（一种不吉利的鸟，被称作哈得斯的使者）、刻耳柏洛斯（一只三头猎犬）。

【左】哈得斯像

【右】赐予大地丰收的哈得斯（普路托）

生日	每月29日以及每月最后三天为冥界众神圣日。
出生地	不详
家族构成	父亲：克洛诺斯 母亲：瑞亚 妻子：珀耳塞福涅（科瑞） 子女：复仇三女神、 安息女神玛卡里亚[12]。 ※哈得斯原本是没有生育能力的男神，但在非主流希腊神话（俄耳甫斯神话）中记录他有子嗣。
美称	人们认为直呼冥界之王哈得斯的名字非常不吉利，所以刻意回避。因此哈得斯的别名也避免不吉利的字眼，多用积极意思的词。 普路托（富有者）、隐身者、善良的忠告者、著名的神、众亡灵的主人、众人崇拜的神、拥有秀发的神、德高望重的神、人们的引路神、众人之王、灵魂解救者。
恋爱经历（女性）	**·明塔** 在与珀耳塞福涅结婚前的前女友，最后变为薄荷草。（参照珀耳塞福涅履历书） **·琉刻** 被哈得斯掳走，哈得斯在其死后将她化身白杨树，并作为自己的圣树。[13]
恋爱经历（男性）	无

通往冥界的路

人们相信希腊各地有多个通往冥界的洞口，夜晚人们来到这些洞口便能潜入冥界。只是冥界由凶残的三头猎犬（刻耳柏洛斯）把守，想要活着回来几乎不可能

神话里的主要经历

诞生	·刚出生就被父亲克洛诺斯吞进肚里，之后弟弟宙斯将他救出。
成年期	·提坦大战 帮助两位兄弟宙斯和波塞冬攻打父亲克洛诺斯。巧妙利用隐身头盔接近父亲，并将他的镰刀扔进特拉帕尼岬。
	·创造了埋葬、送葬等仪式。统治亡灵并承担所有相关工作。⑭
	·绑架科瑞（珀耳塞福涅）做自己的妻子。一年只有三分之一的时间能够与妻子共同度过。（详见第十二节）
	·英雄忒修斯与佩里托俄斯来到冥界欲向珀耳塞福涅求婚。愤怒的哈得斯将二人绑在冥界大门上暴晒以示惩戒。
	·赫拉克勒斯来到冥界，欲借走三头猎犬刻耳柏洛斯。哈得斯同意但提出“不得用武器伤害这条狗，只能徒手带走它”的要求。
	·赫拉克勒斯因要将死者亡灵带回凡间，与哈得斯对战。哈得斯战败同意死者亡灵重返人间，但自此对赫拉克勒斯怀恨在心。
	·赫拉克勒斯攻占皮洛斯城（纳瓦里诺），这里是为数不多供奉哈得斯的城市。于是哈得斯重返人间为守城而战，给敌军带去瘟疫并亲自上场拼杀，但几个回合后，最终因肩部中箭大喊“虽为不死之神，这样重伤怕也要死掉了”，说着逃回冥府。⑮
	·阿波罗的儿子阿斯克勒庇俄斯成为能让亡人死而复生的名医，这激怒了哈得斯。他以“自己统治的领域受到威胁”为由向宙斯申诉，并用雷电将阿斯克勒庇俄斯杀死。
	·因爱奥尼亚地区没有及时掩埋死者激怒了哈得斯，他将瘟疫带给这一地区，致使许多人死去。阿波罗提示人们用活人祭祀平息冥王的怒火。当冥王夫妇看到活人祭祀的少女，心生怜悯将她们变为彗星流放天际。⑯
	·凡人俄耳甫斯为了救回死去的妻子欧律狄刻，勇闯冥府。他对妻子的爱深深打动了哈得斯与珀耳塞福涅，冥王夫妇以“决不能回头”为条件，同意俄耳甫斯将妻子带回凡间。但俄耳甫斯没能忍住回头看了妻子一眼，最终二人没能顺利返回凡间。
	·狡猾的凡人西绪福斯骗取哈得斯的信任，成功重返人间；等等。

主要朝拜地及朝拜仪式

·哈得斯基本不会收取凡间的任何供品。（因此即便讨好他也可能毫无用处）

若非要讨好，可以一边拍打地面，一边向他供奉黑色皮毛的动物。整个供奉仪式不得转移视线。

在供奉天上众神时，人们会在高高的祭坛上焚烧供品，待神取走供品后人们分食剩下的供品（也有与神灵同食的）。但祭祀冥界众神时，则是在地面挖掘洞穴，将烧着的动物扔进洞内，并且人们不许食用（与冥界众神同食意味着死亡）。并且在祭祀冥界众神以及大地众神时，不得使用一种叫作“那菲利亚”的酒。⑰

·厄里斯唯一单独供奉“冥王哈得斯”的神殿

这座神殿一年仅开放一次，因为哈得斯是不吉利的神，人们多以“普路托（富有者）”这一象征丰收的美称来祭祀他。⑱

·哈得斯的亡灵神谕所

哈得斯的亡灵神谕所位于塞斯普罗蒂亚，据说在这里能够与亡人对话。⑲

·实施亡灵咒术可以召唤出已故的亡人。⑳

·希腊人死后，通常会在死者嘴中放一枚铜币。这是渡冥河的过路费，不过若是死在冥河入口附近则不需要支付这一费用。

①哈得斯作为冥界之王裁定死者的灵魂，几乎从不离开冥府。因此以天界众神为中心的“奥林匹斯十二主神”中少有哈得斯的名字；②《荷马颂歌》“致得墨忒耳”（颂歌第2曲）360行；③ Statius,Thebaid 8.21 ff；④阿里斯托芬《蛙》1503行；⑤奥维德《变形记》第5卷410行；⑥奥维德《变形记》第5卷527行；⑦现存史料记载，哈得斯只有过明塔和琉刻两个恋人，有说与这二人的恋爱关系只是在娶妻之前，也有说是在婚后。即便如此，数千年间仅有两次出轨，比起宙斯、波塞冬等人可以说哈得斯是标准的模范丈夫；⑧ Valerius Flaccus, Argonautica3.380；⑨荷马《伊利亚特》第5卷93行；⑩ Nonnus, Dionysiaca 36.200；⑪ Statius, Thebaid 8. 21 ff；⑫ Suidas s.v. Makariai；⑬ Servius on Virgil's Eclogues 4.250. ⑭ 相传哈得斯成为冥界之王之前，曾被委以掩埋死者的工作。狄奥多罗斯《历史丛书》第5卷69章5节；⑮哈得斯并非孤身作战，此时阿波罗、波塞冬纷纷帮助他与赫拉克勒斯对战。品达《奥林匹亚胜利者颂》第9卷30行；鲍萨尼阿斯《希腊道里志》第6卷25章2节、Seneca，Hercules Furens559 ff；⑯哈得斯并非孤身作战，此时阿波罗、波塞冬纷纷帮助他与赫拉克勒斯对战。品达《奥林匹亚胜利者颂》第9卷30行；鲍萨尼阿斯《希腊道里志》第6卷25章2节、Seneca，Hercules Furens559 ff；⑰ Strabo, Geography 14.1.44；⑱鲍萨尼阿斯《希腊道里志》第6卷25章2节、Strabo, Geography 8.3.14ff；⑲希罗多德《历史》第5卷92节、鲍萨尼阿斯《希腊道里志》第1卷17章4节、第5章、14章2节；⑳ Statius，Thebaid 4.410 ff.

只有一座神庙的冥王哈得斯

古希腊神话中，每位神都有着数不清的神庙。但有位男神，人间属于他的神庙只有一座[①]，他就是冥界之王哈得斯。

冥界占据整个世界的三分之一，它的统治者冥王哈得斯不仅拥有庞大领地的统治权，还是一切亡者与地下财富（宝石、黄金）的主人。如此伟大的冥王哈得斯，却只有一座属于自己的神庙，甚至关于他的神话传说也是少之又少。

古希腊是典型的“现世利益主义”，人们只看重活着时能得到多少神给予的好处，正因如此对于冥界或是冥王哈得斯并没有过多关注。

与此相对，哈得斯却有不少贫穷的崇拜者。他们多是在现世中遭受苦难，祈求死后获得幸福的穷苦大众。[②]这些贫穷的信徒并没有财力为他们崇拜的死神哈得斯搭建神庙，更不用说编写神话了。所以，由他担任主角的神话故事或是他专属的膜拜器物并不多见（为数不多的几例也都是在得墨忒耳和珀耳塞福涅[③]的章节里呈现）。

---

① 专门供奉哈得斯的神庙，只有厄里斯一处，附近有座被称为哈得斯神域的曼特山。这座神庙每年开放一次，并且只对神职人员开放，是座非常特殊的神庙。

哈得斯多以富有之神普路托这一别名，接受各地信徒的祭拜。

② 在古希腊众多宗教当中，信奉往生幸福、轮回转世的俄耳甫斯教以及厄琉西斯的秘仪都将哈得斯视为非常重要的神。

③ 别称“普路托（富有者）”的哈得斯不仅仅是冥界之神，作为给地府带来财富的神常与得墨忒尔和科瑞（珀耳塞福涅）一同接受人们的朝拜。

哈得斯被当作不吉祥的神，人们甚至连他的名字都不愿轻易提起。所以总是绕着弯地想一些别名来称呼他：“地下的宙斯”“地下之王”“富有者”“隐身者”“善良忠告者”“绝情者”等，这些都是人们对他的别称。

恶人哈得斯？

由于哈得斯是冥界之王，所以常被现代人当作恶人。实际上在古希腊人眼中，他也是冷酷无情、残忍毒辣的地域之王。是一位无论人们如何请求上供，都不会心软的神。

反言之，这也恰好证明了，他对任何人都同等公平（谁的贿赂也不接受）。哈得斯作为冥界之王，公平地裁定每一位死者，并且规定任何死者都有享受祭奠的权利。

从这层意思看来，哈得斯不仅并非恶人，还是遵循法律、冷静正义的化身。古希腊人这样形容哈得斯：“宙斯身旁有戒律，人世间有法律，哈得斯身旁有正义。”①

关于哈得斯还盛传过一些让人意想不到的神话故事。透过这些故事，能看出他柔情的一面。对亡妻一往情深的俄耳甫斯为了与妻子相见不惜勇闯冥界，这一壮举深深打动了哈得斯，他竟同意俄耳甫斯将妻子带回人间，只是要遵守与他的约定；在看到俄里翁的两个女儿为保护祖国维奥蒂亚不惜牺牲自己时，

① 扬布利可的《毕达哥拉斯生平》第 9 章 46 节。

冥王再次为之感动，将二人变为天上的明星（彗星）；当自己唯一的神庙所在地厄里斯遭到英雄赫拉克勒斯的入侵，他勇敢地站出来守护城市,结果被赫拉克勒斯射中,伤势严重败下阵来。

冷酷无情的冥界之王，却也有如此令人惊叹的铁汉柔情，这也许正是哈得斯的魅力所在吧。

姓名	ΕΣΤΙΑ **赫斯提**　　女性
别名	罗马神话：维丝塔（Vesta）
主要职权	**炉灶、守护家人、保护家庭**、保护国家、请愿者、保护客人

赫斯提名言

『我向宙斯起誓，我将永守贞洁！』

（面对波塞冬、阿波罗等人的求婚时说道）

（她几乎不说话）

周围人对她的评价

『在没有您的地方，谁敢举行宴会，当人们聚在一起，最先以及最后必定要为您献上甘甜的美酒！这已是惯例。』

（诗人）①

『市政厅的主人赫斯提，请到您的居室来，请到您那闪光的锡杖旁来，再次欢迎您的到来。』

（诗人）②

喧闹浮华众神中唯一低调的炉灶女神

赫斯提是那些放纵不羁、随心所欲、惹是生非、绯闻漫天的奥林匹斯众神当中，最不起眼又最忠厚老实的炉前女神。她从不愿离开自己守护的炉灶。

然而就是这样一位女神，却是所有祭祀活动中最先供奉的一位，这是因为古希腊社会始于有火的地方。无论是普通人家、神庙或是城邦之中，任何地方都会供奉赫斯提，在某种意义上她就是希腊最重要的神。

人物形象

戴着头纱的谦恭女性。

●『您那美丽的鬓发，常常会滴落顺滑的橄榄汁』③

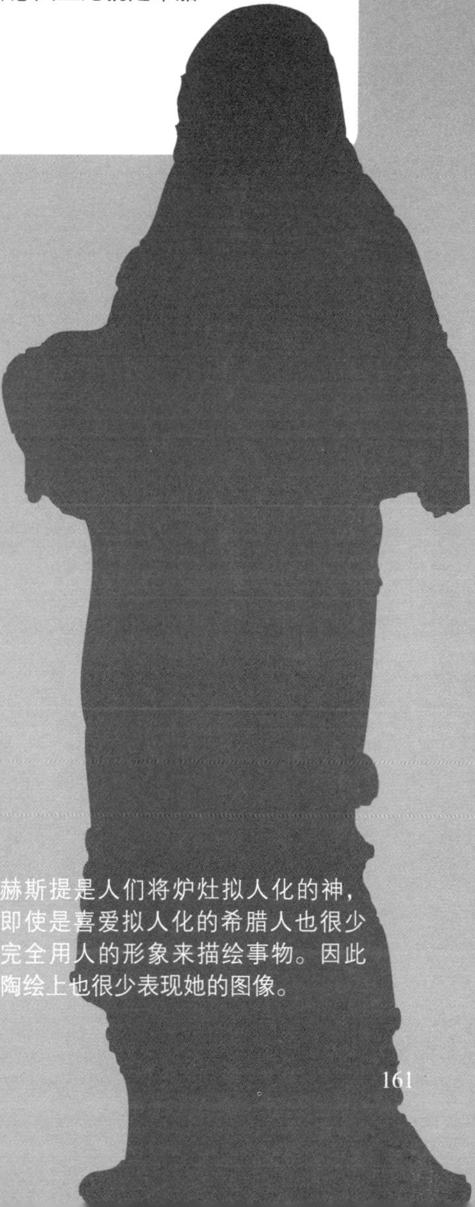

赫斯提是人们将炉灶拟人化的神，即使是喜爱拟人化的希腊人也很少完全用人的形象来描绘事物。因此陶绘上也很少表现她的图像。

代表圣物

手持火把、水瓶、鲜花。

戴着头纱。

动物：猪、驴。

【左】戴着面纱的赫斯提

生日	不详
出生地	不详
家族构成	父亲：克洛诺斯 母亲：瑞亚 友人：赫尔墨斯[④]
美称	议会厅女神、坐镇市政厅的女神。
恋爱经历（女性）	无
恋爱经历（男性）	无（处女神）

维丝塔神庙（赫斯提在罗马被称为维丝塔，受到人们的崇拜）

罗马的维丝塔神庙

所有的维丝塔神庙均为椭圆形，大门朝东。

在神庙中央取代维丝塔神像的是燃放着国家圣火的炉子。“维丝塔处女”们时刻守护着火种，唯恐它熄灭。一旦火种熄灭，或是打破了纯洁的誓言，这些守护者们将遭鞭打或是被活埋。与如此高风险的工作相对，她们拥有常人没有的权力。例如，有权将触及她们身体的人处以死刑。

神话里的主要经历

诞生	她是克洛诺斯的长女，出生后就被父亲吞入腹中。
成年期	・在宙斯的帮助下从父亲腹中逃出。克洛诺斯吐出六个孩子的顺序与吞下他们时的顺序（赫斯提、哈得斯、得墨忒耳、波塞冬、赫拉、宙斯）正好相反，因此第一个吞下的是她，最后吐出的也是她，赫斯提就成了所有孩子中“最年长又最年轻”的一个。
	・波塞冬和阿波罗同时向她求婚，她一一拒绝，并起誓要永守贞洁。
	・后世有传，“她不惜将奥林匹斯十二主神之位拱手让给新人狄俄尼索斯”，但古代史料中并无提及。公元前5世纪左右，狄俄尼索斯取代赫斯提位列十二主神之一，这一记载准确无误。

※ 在庭院睡觉时遭丰饶神普里阿普斯的突袭，危急时刻及时醒来获救。发明了房屋建造术等。

・因女神赫斯提从不离开自己的炉灶，因此有关她的神话并不多。

主要朝拜地及朝拜仪式

・在宙斯等所有神之前，最先接受人们的朝拜。⑤

・赫斯提的神庙极少，但在各个家庭、神庙、城邦中心的炉灶，都供奉着她。

・各个城邦的政治中心（市政厅）都设有永不熄灭的炉火，这就是赫斯提圣火。⑥

・建造新城邦的仪式

在新城邦落成时，人们会从原城邦接来火种，并在新的城邦举行点火仪式。

・人们多为她供奉熏香、水或红酒、橄榄、牛、猪等物。

①《荷马颂歌》“致阿佛洛狄忒”（颂歌第5曲）24行；②《荷马颂歌》“致赫斯提”（颂歌第29曲）5行；③品达罗斯《品达罗斯颂歌集》奈迈阿胜利者颂第11曲1行；④与赫尔墨斯互敬友好。《荷马颂歌》“致赫斯提”（颂歌第29曲）17行；⑤此处表示朝拜她的人络绎不绝，《荷马颂歌》“致赫斯提”（颂歌第24曲）5行；⑥《荷马颂歌》“致赫斯提”（颂歌第29曲）。

一切都要从赫斯提开始

奥林匹斯诸神多是喜欢引人注目，自我中心，而这其中却有一位喜欢躲在人后的非常朴素的神，她就是灶神赫斯提。

尽管她是宙斯兄弟姐妹中最年长的一位，但有关她的神话传说却少之又少。为人所知的可能只有太阳神阿波罗和海神波塞冬[①]同时追求她的这段了。

当时两位大神同时向赫斯提求婚。谁料想赫斯提却说她谁也不嫁，要一辈子单身。还要做一辈子的处女，这样的回答令两位大神心碎不已。

读到这里大家兴许会觉得，这样一位不起眼的女神，在现实里，一定也不为人们所重视吧。事实恰恰相反，在古希腊的所有祭祀活动中，赫斯提总是众神中最先接受供奉的一位。

“先从赫斯提女神开始”好像是古希腊供奉仪式的规矩。

那是因为灶神赫斯提是有着悠久历史的神。早在迈锡尼时代，王室居所里就常建有直径 4 米的低矮圆形祭坛。

进入古风时期，即使没有国王的存在，各个城邦也都拥有公共的祭坛,那里是政治的中心,也是接待各国使节的重要场所，

---

① 在德尔斐的阿波罗神谕所同时供奉着阿波罗、波塞冬、赫斯提三位神。之所以会这样，是因为古希腊人在设立新的城邦时，首先会接受神谕之神阿波罗的启示，而后祈求海神波塞冬的庇佑，最初点燃的则是守护城邦的赫斯提灶神的祭坛。

也许正因为三位神与建造城邦有着密不可分的关联，所以才会有上述的两位神一同向赫斯提女神求婚的传说吧。

迈锡尼时代的皇居（美加仑室）。
中央留有圆形炉灶祭坛的遗迹

更是避难者获得保护的港湾，甚至许多城邦为了让炉火长明还派出专人轮流守护。

不仅是国家，在各个家庭，暖炉都是家人的中心。每当人们用餐时，一定会在暖炉前为赫斯提摆放供品。婚丧嫁娶、购进新奴隶、新添了家庭成员，人们都会在暖炉前举行祭祀赫斯提的仪式。

正如人们都自然地聚集在温暖的炉灶周围那样，灶神赫斯提也同样温柔地守护着每一座城邦与家庭，是一位以“守护”为主要职责的神。因此赫斯提也是所有神中最和蔼的一位，是守护人们的温柔女神。

所有的赫斯提圣火熄灭之时

不仅是个人与城邦，赫斯提可以说是整个古希腊的中心。公元前480年，希波战争爆发，希腊各个城邦纷纷遭受侵略，

宙斯与赫斯提

德尔斐的阿波罗开示出如下神谕：

> 敌国波斯玷污了我们神圣的火种，熄灭所有赫斯提的祭坛，再从（位于希腊中心的）德尔斐的赫斯提祭坛引来新的火种，用全新的火焰点亮整个希腊。
>
> 正如这一神谕所说，赫斯提之火是所有城邦乃至整个希腊的象征。

神话里，祭坛前足不出户、朴实无华的赫斯提，却是守护家庭、城邦，乃至整个希腊现实社会的核心神，占据着非常重要的地位。

不过，随着时代的变迁，进入古罗马时代后，神话被从宗教中剥离，成为一种文艺形式，赫斯提的名字便不再为人们所熟知。

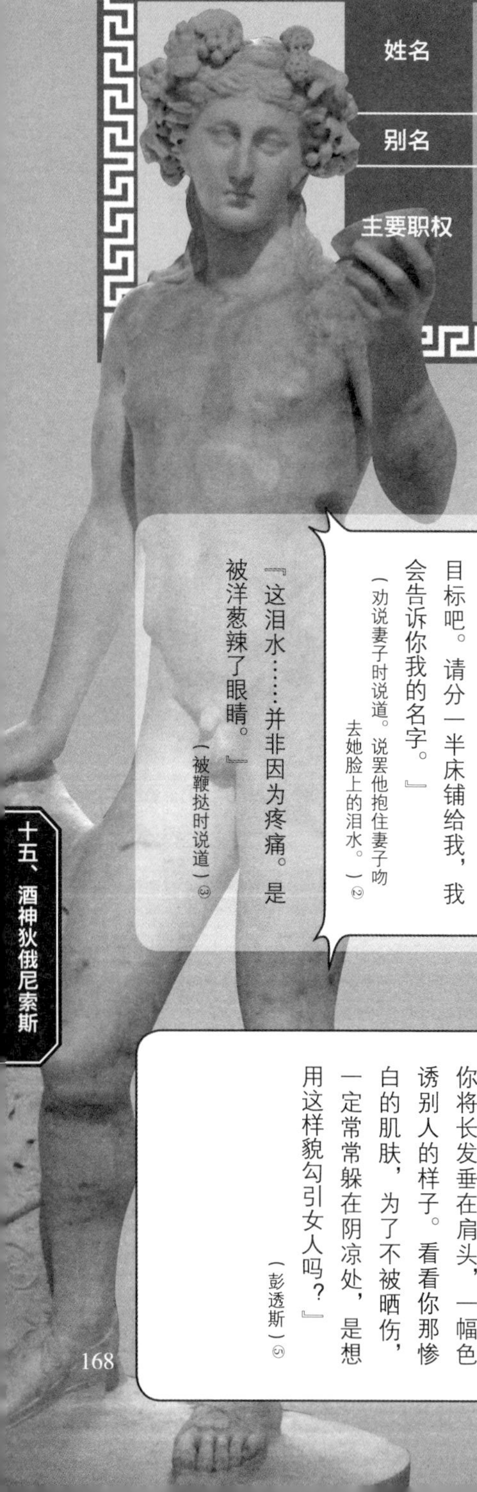

姓名	ΔΙΟΝΥΣΟΣ **狄俄尼索斯**　男性
别名	罗马神话：巴克斯（Bacchus）
主要职权	**葡萄酒、陶醉、狂欢、** 戏剧、野性、复活之神 令人们解放自我本能，打破束缚的神

狄俄尼索斯名言

『宙斯的儿子狄俄尼索斯才是真正的神！**要知道没有比我更温柔的神，也没有比我更恐怖的神！**』

（说完便上演了疯狂的撕裂事件）①

『我们二人以高高在上的天国为目标吧。请分一半床铺给我，我会告诉你我的名字。』

（劝说妻子时说道。说罢他抱住妻子吻去她脸上的泪水。）②

『这泪水……并非因为疼痛。是被洋葱辣了眼睛。』

（被鞭挞时说道）③

周围人对他的评价

『**众神及所有人类中最胆小的一个。**』

（狄俄尼索斯的随从说道）④

『你这家伙生得倒是体面啊，女人们一定都很喜欢你。长长的头发证明你与运动无缘。你将长发垂在肩头，一幅色诱别人的样子。看看你那惨白的肌肤，为了不被晒伤，一定常常躲在阴凉处，是想用这样貌勾引女人吗？』

（彭透斯）⑤

所谓“最难以描述的”酒与癫狂之神

作为酒神，他总是给人欢闹的印象。可曾经，他却是位凶恶之神，动辄就将人撕成碎块用来祭祀。

他是打破世俗规矩的神，是常常通过酒、戏剧、性等手段让人类解放自我的神。

奥林匹斯十二主神中最年轻的一个，众神之中，唯有他的母亲是凡人，起初他并没有获得认可，甚至被当作异己分子。他很少待在神庙里，是与人类接触最多的神，也是别名最多、最神秘的神。因此古希腊人也称其为“最难以描述”的神。

人物形象

常被人们描述为『美少年、留着胡须的大叔』两种截然不同的形象。常展露出女性特有的陶醉神情。有时会长出犄角。

●『他浓密的乌发随风摆动，紫色的长衫包裹着宽阔的肩膀。』⑥

常被描绘成醉酒的模样

代表圣物

豹子的皮毛、常春藤之冠、权杖⑦。

植物：葡萄、稻谷、肉桂、常春藤、鹰嘴豆、无花果

动物：豹子、山羊、驴、海豚、蛇。

【左】端起酒杯的狄俄尼索斯雕像　【右】骑着驴子的赫菲斯托斯与狄俄尼索斯

生日	公元前 1500 年左右[8]，日期不详
出生地	不详（可能是阿尔弗斯诃、忒拜等地，或是虚构场所倪萨山）[9]
家族构成	父亲：宙斯 母亲：塞墨勒（忒拜公主） 妻子：阿里阿德涅（克里特公主。狄俄尼索斯发现了遭英雄忒修斯遗弃的她，又有说是被其掳走）
美称	巴克斯、二度重生之神、放声高喊的神、榨葡萄汁的神、鸣神、各种变身的神、无数幻化之神、解放者、弑羊者、杀人凶手，等等，别名无数。
恋爱经历（女性）	**· 奥拉** 走路像风一般快速的女性。狄俄尼索斯怎么追也追不上她，只好趁她睡着将其强占，她最终疯癫，竟手撕自己的亲生骨肉。[10] **· 柏洛厄** 狄俄尼索斯与阿波罗同时向她求婚，狄俄尼索斯被甩。[11] · 此外还有女神阿佛洛狄忒、尼开亚、帕勒涅等。
恋爱经历（男性）	**· 安佩洛斯** 企图骑上野牛而亡，狄俄尼索斯用他的血液做成最早的葡萄树。[12] **· 普罗辛诺斯** 狄俄尼索斯向普罗辛诺斯询问通往冥界的路，普罗辛诺斯提出："想让我告诉你通往冥界的路，就要献身于我！"得到他的应允。[13]

①欧里庇得斯《酒神的信女》860 行；② Ovid, Fasti 3. 459 ff；③阿里斯托芬《蛙》657 行；④阿里斯托芬《蛙》487 行；⑤欧里庇得斯《酒神的信女》452 行；⑥《荷马颂歌》"致狄俄尼索斯"（颂歌第 7 曲）5 行；⑦这是一支顶端用藤条绑着松塔的灵杖。最初整个权杖均由木材制成，但后来发生了信徒们因喝醉酒用权杖互相殴打致死的事件，狄俄尼索斯为了防止此类事件再次发生，将权杖改用带弹性的藤条制作。（狄奥多罗斯《历史丛书》第 4 卷 4 章 6 节）；⑧狄俄尼索斯被定义为最年轻的神灵。（希罗多德《历史》第 2 卷 145 节）；⑨《荷马颂歌》"致狄俄尼索斯"（颂歌第一片段）5 行；⑩ Nonnus, Dionysiaca 48.240 ff；⑪ Nonnus, Dionysiaca 42.1 ff,etc.；⑫ Ovid, Fasti 3. 407 ff；⑬ Clement of Alexandria, Ex hortation to the Greeks 2.30

神话里的主要经历

6个月的胎儿	・在母亲塞墨勒腹中时，母亲中了赫拉的奸计，被父亲宙斯的雷电烧死。
6个月至降生	・父亲宙斯将6个月大的胎儿狄俄尼索斯缝在自己的大腿上，直至他降生。
诞生至幼儿期	・赫拉因嫉妒，下令巨人族将他撕成碎块。阿波罗收集他破碎的四肢使其复活。
幼儿期	・为躲避赫拉的追杀，男扮女装逃到凡间父母身边，最终还是被发现，赫拉施法令其养父疯狂。 ・再次为了躲避赫拉追杀变身小鹿，赫尔墨斯将他藏在倪萨山。
少年期	・成功培育葡萄树，并发明葡萄酒。终被赫拉发现，令其癫狂在诸国流浪。
青年期	・流浪期间告诉众人自己神的身份，招揽信徒，成功返回希腊。手撕那些不承认自己的人。终于获得大家的认可，并成功列入奥林匹斯神。 ・与阿里阿德涅结婚 ・潜入冥界用香桃木贿赂冥王夫妻，将亡母塞墨勒救出冥界，并将母亲带回奥林匹斯山奉养，使她成神。 ・与巨人族决战，用权杖将巨人打死。

主要朝拜地及朝拜仪式

・在山野间一边打着鼓一边手撕活着的动物，并吮吸它们的血液、啃食它们的生肉。崇拜者多为女性。

・冬季负责留守德尔斐的阿波罗神庙(参照本节“谁站在世界的中心？”)。

・大狄俄尼索斯祭
雅典市。人们在大街上举办祭祀活动。

埃皮达鲁斯剧场
据说戏剧起源于古代祭祀狄俄尼索斯的活动

最难描述的狄俄尼索斯

提起巴克斯（狄俄尼索斯），人们立刻会想到“酒神”，他知名度很高，开怀畅饮的样子常出现在红酒标签上，是一位广为人知的神。

然而公元前 1 世纪的历史学家①却这样形容他：“当我们开始介绍狄俄尼索斯，就会发现神话或诗歌里对他的描述无一相同，有关他的记录多是一些异想天开的故事。所以想要简单介绍这位神几乎是不可能的。”

就连公元前 1 世纪的人们都讲不清他的故事，那叫我们这些 2000 年之后的现代人，从何说起啊？！虽说是一筹莫展，但我尽量用最通俗易懂的语言，为大家介绍这位满是谜团的酒神。他的故事让人有些不知所措。

温柔又可怕的疯癫酒神

一天，希腊终于迎来了一位新神。这位大神的信徒多为女性，她们能徒手撕开活着的山羊，吮食它们的血液，生啃它们的骨肉。伴着鼓声这群信徒又是狂喊乱叫，又是在山野手舞足蹈。古希腊的施政者们为此十分不安，忒拜国王彭透斯说道：

① 狄奥多《历史丛书》。

“全国上下的女人们都被那个叫狄俄什么的新神蛊惑了，瞧瞧她们群魔乱舞的样子。那家伙说自己是宙斯的儿子，还说自己如何伟大，那些全是谎话！他的那些同伙如今正像野火似的向我们逼近呢，这对整个希腊来说是多么大的耻辱啊！”（《酒神的信女》）

这位新来的神正是奥林匹斯十二主神中的最后一位，司管美酒、狂欢、戏剧的狄俄尼索斯（巴克斯）[①]。

古希腊人最初不但没有认可这位酒神，还对他和他的信徒加以迫害。于是他四处流浪，招揽无数信徒之后，重返希腊忒拜城。

狄俄尼索斯对着众人说道：“亚洲各国处处有我的信徒，你猜我为何还要回到希腊？那是为了向人们展示我的神威。忒拜国王彭透斯不承认我这个酒神，既不供奉我，也不向我祈祷。宙斯之子狄俄尼索斯是真正的神，今天我回来，就是为了告诉大家，世上就没有比我更温柔的神，也没有比我更可怕的神……”

一直以来备受迫害的酒神狄俄尼索斯亲手拉开了复仇大幕。

他继续说道：“我该怎么‘回报’彭透斯呢？先让他疯狂起来吧，让他爱上穿女人衣服，再带他上街转转，让人们都见识一下女装的彭透斯。一不小心他就成了人们的笑柄，哈哈……

---

① 巴克斯是狄俄尼索斯的别名之一，因为易于称呼，到了罗马时代正式成为他的名字。

狄俄尼索斯的信女撕扯彭透斯

连我都迫不及待想看他男扮女装的样子了。可不能就此罢了，最后还得让他的母亲出马，撕了这个对神不敬的家伙，我要亲眼看到他下地狱！”

狄俄尼索斯完全按他说的那样处置了彭透斯。还用同样的方法，让希腊所有否定他的人们发疯发狂，并残忍地把他们撕碎。他用这种方式告诉人们，自己是真正的神，终于他荣耀地加入奥林匹斯十二主神行列。

酒精与宿醉、疯狂与沉迷、面具与装扮、虚构的戏剧世界和死后的世界，这些都和狄俄尼索斯有着密不可分的关联①。

① 狄俄尼索斯又称戏剧之神，在一则喜剧中发生了如下有趣的一幕：一天，狄俄尼索斯偷偷潜入冥界，不巧被冥界守门的撞个正着：“我要撕碎你的内脏！”一听这话，狄俄尼索斯吓得拉在了裤子上，他转身对随从说：“不好！吓得我都拉裤子了。”随从也看不下去了，对他说道：“真是！您真是个胆小鬼，哪个神像您这样啊！”狄俄尼索斯却反驳说：“说什么呢！我胆小？要搁其他人，恐怕早吓得口吐白沫、昏死过去了。你看我不仅意识清醒，还知道问你借手纸，而且我还准备自己擦屁股呢！我这叫勇敢！”随从无奈地答道：“好吧，你勇敢！”（阿里斯托芬《蛙》。戏剧之神狄俄尼索斯为了见已故的悲剧作家潜入冥界的故事）

他是打破束缚和界限、释放自我的神。正如那些神话中表现的一样，他还是一个敢于挑战社会秩序的神。正因如此，在以宙斯为中心的有序信仰体系中，古希腊人始终觉得他是个异类，所以起初他才会成为恐惧、迫害的对象。

他有时是年轻俊美的少年，有时却是酩酊大醉、大腹便便的大叔。虽是个男的，有时却有女人的外表。他虽位列奥林匹斯十二主神最后一名，却与主神宙斯一样很早以前就成为希腊的神。他没有固定的出生地，是别名最多的神。名字的前半部分（dio-）是希腊语，后半部分（-nysos）却受到异国的影响。他背弃“神永生不死”的希腊神话规则，死过不止一次，并且与其他众神不同，他的母亲只是个凡间女子。

正如“讲述神话的人对他的描写各不相同，大家都是在记录一些异想天开的内容”所说的那样，他是希腊众神中最神秘的一个，伴随他的净是些莫名其妙的谜团。

谁站在世界的中心?

在本书讲过的众神当中，第一个介绍的是阿波罗如今“阿波罗式的”“狄俄尼索斯式的”（Dionysian）是一组反义词。字典上这样介绍“狄俄尼索斯式的”一词表示：“陶醉、忘我、无秩序不抑制”之意。“阿波罗式的”则表示“理性、节制以及有秩序的事物”。这两个词语，是由19世纪哲学家尼采提出

德尔斐神庙

德尔斐神庙至今仍保存有象征世界中心的脐石

的，正因为理性的阿波罗和疯狂的狄俄尼索斯完全不同，多数人会认为两人也互相交恶。

事实上，古希腊人并不认为这二人关系不好，大家反而觉得他们是朋友。①

每到冬季阿波罗都会去极北之地度假，那期间他将自己最大的位于世界中心的德尔斐圣域交给狄俄尼索斯保管。圣域之内二位神的地位并无高低之分，是完全对等的存在。

如今无论翻开哪本旅游手册都会看到“世界遗产德尔斐神庙是阿波罗的圣地”这一记载，事实上这其中一半也是狄俄尼

---

① 狄俄尼索斯的童年备受欺凌，一次因中了巨人族的圈套被肢解成碎块，是阿波罗捡回他支离破碎的手足，并为他搭建坟墓。与之相对，狄俄尼索斯将自己预知未来的能力让给了阿波罗，这种能力已成为阿波罗的象征。德尔斐神庙最初是黑夜女神倪克斯的神谕所，后又由正义女神忒弥斯掌管。再后来巨蟒皮同占据神谕所，狄俄尼索斯方才首次坐上了三脚架祭坛。——品达罗斯《皮托竞技胜利者颂》古注。

索斯的圣地。

理性、秩序、光明的阿波罗，与疯狂、混沌、忘我的狄俄尼索斯，乍一看完全相对的两位男神，却能一同分享占据世界中心地位的神庙。正因如此，希腊神话以及众神的故事才充满魅力。

第三节

众神终焉后的世界

永不褪色的希腊诸神

> 公元 313 年基督教正式成为公认的宗教，从此神话里的诸神沦为被攻击的对象，人们用绳子捆绑曾经膜拜的大理石雕像，将它们拖出神庙，当作灰浆材料，青铜神像则被扔到广场。原本信奉他们的人群，如今却都成了嘲笑他们的主力军。（尤西比乌斯《君士坦丁传》）

公元 393 年罗马帝国颁布政令，开始了对异教神庙、圣域、圣物的破坏，就连延续了 1000 多年的奥林匹亚竞技会也遭到禁止。那时的希腊神话诸神只剩下伤感的故事，这才是现在人们熟悉的希腊神话。

人们甚至怀有这样的质疑："古希腊人真的信奉过这些凡

气十足的希腊众神吗？就像刚刚被扔到一边儿的阿波罗，哪里像什么太阳神啊！”但那并不是古希腊众神真实的样子。“驾驶马车在天空飞驰的太阳神”“风流多情的神”，在被贴上这些标签之前，阿波罗是曾多次将现实中的希腊从危难中解救出来，能够决定命运的伟大神谕之神。

正如古希腊人所说“若是没有了供养神的信徒，神们早就饿死了”。如今，真要没人相信希腊神话，那么里面的众神以及他们的故事或许早就无从说起。

事实恰好相反，可以说就算这世界上没有了神庙，众神们仍能在神话世界里神采奕奕。这不禁让人感叹，2000 多年间，究竟诞生了多少希腊神话。波提切利、莫扎特、鲁宾斯，这些享誉盛名的艺术家们，纷纷以希腊神话中的诸神为题材，为我们留下了众多的艺术作品。

不仅是在传说故事里，在我们的现实生活中，抬头仰望，看到的是希腊神话装点的夜空，红酒商标上是陶醉的狄俄尼索斯；象征女性之美的词是“维纳斯”；登陆月球的载人宇宙飞船也成了古希腊光明之神手持缰索驾驶的战车。

古希腊人敬爱的众神，历经 2000 多年的历史长河，依然散发着无比迷人的魅力。

第三章

古希腊人的内心世界

第一节

劳动观与人性

一、蚂蚁和蝈蝈谁更具备“人性”？

从前有一只蚂蚁和一只蝈蝈。炎炎夏日，蚂蚁一刻不停地辛勤劳作，忙着收集食物。一旁的蝈蝈却什么也不干，整天到处唱歌玩乐。冬天来了，外面什么食物都没有，饥饿的蝈蝈对蚂蚁说：“蚂蚁啊，我错了！来年我一定好好劳作，备足过冬食物。现在能给我分点吃的吗？”说着蝈蝈痛下决心，誓要洗心革面。

这就是伊索寓言里“蚂蚁和蝈蝈”的故事，许多人都听过这则寓言，故事里的深刻含义让人铭记于心。人们对寓言故事里“以备不时之需”“有备无患”的勤劳赞歌深信不疑。

但这则寓言原版并非如此。伊索寓言的作者伊索[①]是古希

① 关于伊索有许多未解之谜，现在多数人认为他是公元前6世纪前后著名的寓言家。

腊人，这个故事原本名为《蚂蚁和蝉》。[①]

在别的寓言集里，人们这样描绘蚂蚁。

很久以前，蚂蚁也是人。勤于劳作是没错，可他无法只满足于自己的劳动所得，甚至想占有别人的劳动成果，于是便不停地骗抢邻居们的粮食。他的贪得无厌引起了主神宙斯的不满，将他贬为一只蚂蚁。可就算变成蚂蚁，还是旧习难改，为了储备自己的粮食，时常在田间地头偷别人的小麦、大麦。（《伊索寓言集》第 166 则）

一天饥饿难耐的蝉（蝈蝈）恳求道："能分点儿吃的给我吗？"

蚂蚁反问道："夏天你都干吗去了？"

"我真没偷懒，夏天，鸣叫就是我们的工作。"蝉答道。

"哈哈，那冬天你们是不是应该跳舞啊。"蚂蚁笑着说道。（《伊索寓言集》[②] 第 373 则）

原版寓言里的蚂蚁总给人不好的印象。它们贪得无厌，永

① 知了（蝉）在古希腊是夏天具有代表性的昆虫，但到了欧洲其他地区却由蝈蝈取代，所以这则寓言的名字也由《蚂蚁和蝉》改为《蚂蚁和蝈蝈》。

在古希腊知了也被人们视为益虫。（转见 210 页）

② 《蚂蚁和蝉》的故事有多个不同的结局、版本。

远都无法满足，甚至连炎热的夏天也要不停地忙碌贮备粮食，可就算他的粮食多得吃不完，也不愿分给快要饿死的蝉。——这则故事隐约为我们揭示了真实的蚂蚁本性。

对我们而言，蚂蚁是故事里的榜样，我们一直信奉："勤劳是美德，要向蚂蚁学习！"而在古希腊人看来，蚂蚁却是个"只知道工作，冷酷、吝啬的家伙"（当然，无论是蝉还是蝈蝈，不考虑不时之需的人一定会遇到困难，这一点古今一致）。

正是这个故事，让我们看到了古希腊人的劳动观。在他们看来，劳动并不是美德，为了生计而工作，在古希腊是件非常可耻的事情。

二、何以为人……就是要有许多"闲"

"最近工作怎么样？""现在的公司好吗？""薪水还满意吗？"这些都是现代社会久未谋面的朋友之间见面后常用的寒暄问候。要是古希腊的普通百姓听到朋友这样的问候一定会说："为赚吃饭钱劳动，那太丢人了！受雇于别人简直比成为奴隶还糟糕。"

我们一向认为"劳动最光荣"。"不工作就没饭吃"的思想根深蒂固，偷懒甚至都会有罪恶感，这一切在古希腊人看来却恰恰相反。劳动根本不是人们该干的事情，普通百姓要是受雇于人孜孜不倦地工作，整日为了糊口四处奔波，没有闲暇时间，这完全就是让人羞耻的事情。

对于古希腊人来说“为了生活而工作[①]”“为了吃饭而工作”“为获得报酬而工作”，这些都是极不光彩的事。

而普通市民之所以能够不劳而获享受休闲娱乐，必定有代替他们劳动的事物存在，那就是奴隶[②]。

普通的古希腊雅典市民，一般都会拥有 2~4 名奴隶[③]，根本不需要自己工作。所以不是奴隶的人们，若要自己工作赚钱，就会成为大家嘲笑的对象。因为当时的人们信奉“劳动不是文明人应有的行为，只有奴隶才劳动”。

奴隶多是从别的国家购买来的。普通市民也有可能因战败被俘沦为奴隶，或是被海盗抓住卖往国外成为奴隶。

而且，古希腊人认为：“被别人雇用工作，比做奴隶还要糟糕，因为和奴隶不同，受雇者总要担心是否被解雇，非常不稳定。”在古希腊人眼中，那些在公司工作的现代人也许比奴隶的地位还要低下。

有人或许会问：“一周休息 7 天，工作时长为 0 的古希腊市民，平常都会做些什么？”答案是“休闲”（schole），这

① 在古希腊众多职业当中，农业是最受人们尊敬的职业，商人、手工业者则遭到人们的蔑视。艺术家这类职业，因要用到手或身体工作，也被人们当作轻蔑的对象。

② 奴隶被称为“会说话的工具”“活着的财产”，没人会把他们当人看待。清点人数时，一男两女，被称为“一只公的，两只母的”。体力劳动、打扫清洁等家务劳动、手工业，几乎所有的生产劳动都是由奴隶完成。

③ 越是富裕拥有的奴隶数量也会越多，有人曾拥有 120 名奴隶在工厂工作。一个奴隶也没有，依靠自己工作、生活的市民就是所谓的贫困者。

个词表示“自由时间”“空闲”“闲暇”“余暇”“业余时间”等意思，总之，就是讴歌闲暇的时间。

古希腊人基本没有“浪费时间”的概念。对他们来说一个人发呆，或是与人闲聊，拥有能够自主支配的自由时间，是享受文明生活的必备条件。

哲学家亚里士多德说过，人之所以是人，那是因为对人来说比劳动更重要的是“休闲”[①]。他们在闲暇当中从事政治行为、做学问，或是研究哲学。的确，哲学在古希腊发扬光大，但如果没有足够的空闲时间，人们也不可能去思考“美丽是什么？”“人类又是什么？”。

正因如此，对于古希腊人来说，所有人类的文明活动，都源自空闲时间。人只有在闲暇之余才会去学习，才会思考。所以古希腊语中表示“休闲”的“schole”一词成为英语“school”（学校）一词的词源。

---

① 亚里士多德《政治学》。

第二节

时间概念与宗教观

一、令月之女神大发雷霆的古希腊年历

在古希腊，雅典市民会在盛夏七月初一前后，斯巴达市民则会在九月初一前后分别赶到集合地点。因为对于雅典人来说，“一月（一年当中最初的一个月）”是从夏天开始的。而对于斯巴达人来说，一月则是从秋天开始。

古希腊并没有统一的日历[①]，也没有统一的年号、月份，甚至连统一的一年之初都没有。

古希腊人并不像现在的人们一样使用“阳历”，他们以月亮的阴晴圆缺为基准，使用“阴历”计算时间。从这月初一到下月初一为一个月，这样的十二个月为一年。当时的人们认为，上弦月一定是在每月七日，满月一定是在每月十五日，只要抬

① 公元前 3 世纪，终于有人提出要制作整个希腊统一、易懂的纪年法。于是人们将公元前 776 年首届举办的奥林匹克运动会设为元年，使用“奥林匹亚纪”这一年号。从夏季开始，每一奥林匹亚纪周期为四年。按这种方法，2015 年上半年即为“第 698 奥林匹亚纪的第二年”，下半年则为“第 698 奥林匹亚纪的第三年”。

头看月亮就能明白时间，非常方便。不过众所周知，月亮阴晴圆缺的周期为 29.5 天。如果说这样周而复始 12 个来回，就是一年，那么一年只有 354 天，而地球绕太阳一周的周期是 365 天。这样一来，每年都会少 11 天，从而引起季节上的偏差。

“欸，我们使用的日历好像越来越不对劲儿啊！”察觉到偏差的雅典人，眼看着自己使用的日历与季节的偏差越来越明显，索性插入“闰月”将一年增加为十三个月，但这必定会造成更大的混乱。公元前 430 年喜剧作家就在他的作品里这样描述道：

> 诸位大事不妙，月亮女神[①]生气了！都怪你们这些雅典人，根本不遵守月亮指定的日期，所有计划都被弄得一团糟！天上的众神无法在规定时间接受人们的朝拜，空等一场却看不到任何供品，正气得大发雷霆。这不，月亮女神都跑来质问了：“供品什么时候才好？我在祭坛左等右等也不见一人来朝拜，今天可是祭祀我的日子啊！”各位，我们使用的日历如果不按月亮的基准来，一定会引来很大的麻烦！
>
> （阿里斯托芬《云》第 616 行以后）

① 即月亮女神塞勒涅。

月亮女神塞勒涅

就像这样，古希腊的日历常常出现混乱，很不清楚。所以，古代历史学家为了避免混乱多用这样的方式来描述历史事件：“某某人，执政那年夏天”“在奥林匹亚竞技赛上，来自某市的某某第二次获胜的那年冬天”。[①]

① 古希腊人一天有 24 个小时，分别由太阳出来时的 12 小时和夜晚的 12 小时构成，随季节变化会产生大约 1 小时的时差。所以，通常只有使用日晷来判断较为准确的时间。

在当时，人们用漏壶充当着如今“秒表”的作用，根据水流下落的量来测量准确的时间。

雅典一年中的主要祭祀活动

萨尔格里昂月 **（“萨里格里昂节”之月）** 6、7 日　阿耳忒弥斯和阿波罗诞辰纪念日 （将两名罪犯从悬崖推下去，以肃清城市）	**斯基罗福里昂月** **（“挂伞节”之月）** 12 日　人们手持雨伞庆祝 （竞技的获胜者拥有为女神雅典娜斟酒的权利）	**赫卡托姆拜昂月** **（“百牛大祭”之月）** 15、16 日　雅典建国纪念日 27 ~ 29 日　雅典娜诞辰纪念日	**模特格尼昂月** **（“变更邻人”之月）** 7 日　交换邻居的阿波罗纪念日 （是关于政治外交的重要祭祀活动）
穆尼基昂月 **（“穆尼基亚节”之月）** 16、17 日　穆尼基亚节祭祀活动 （是阿耳忒弥斯的纪念日，夜晚少女们会赤裸着舞蹈）	5~6 月　6~7 月 4~5 月	7~8 月　8~9 月 9~10 月	**波德罗米明昂月** **（“闻声驰援”之月）** 15 ~ 21 日　举行厄琉息斯秘仪
爱拉斐波里昂月 **（“射鹿节”之月）** 6 日　举行射鹿大赛 9 ~ 14 日　举行大酒神节祭祀活动，进行戏剧大赛	3~4 月 2~3 月　1~2 月	10~11 月 12~1 月　11~12 月	**普亚诺普西昂月** **（“吃豆节”之月）** 8 日　狄奥尼索斯结婚纪念日。 9 ~ 14 日 地母节
安特斯特里昂月 **（“百花节”之月）** 11 ~ 13 日　举行“百花祭” 是庆祝春天的节日	**伽米里昂月** **（“结婚”之月）** 27 日　举行宙斯和赫拉的婚礼纪念活动。	**波塞冬昂月** **（“海神”之月）** 13 日　小酒神节 26 日 丰收祭祀节 感谢大地之神保佑丰收	**麦马克特里昂月** **（“天神暴怒”之月）** 20 日　宙斯的纪念日 （祈求保佑不要出现寒冷的严冬）
		13 月① 第二波塞冬月 闰月，因与阳历计时出现较大偏差，随意添加的一个月	

① 第十三个月为闰月，可以随意放在一年当中任意一个月前。

以上日历虽写有建国纪念日、女神雅典娜诞辰，但雅典人只标注了日期，并没有标明是“第几周年”“从何时开始的”。那是因为许多城邦都绞尽脑汁想要证明，“自己的城邦比邻国历史悠久”。从而证明“这块儿土地曾经是自己的领地”。若能证明这点，在国与国之间产生领土纠纷时，就能占据优势（这与现代的国家领土纷争相似），所以“究竟何时开始”并不那么重要。

雅典年历 一月 赫卡托姆拜昂月

1	2 祭祀诸善神	3 雅典娜月诞辰	4 赫尔墨斯月诞辰	5	6 阿耳忒弥斯月诞辰	7(上弦月) 阿波罗月诞辰 ※1
8 波塞冬祭祀仪式	9	10	11	12 农耕之神克洛诺斯祭祀仪式	13	14
15（满月） 建国纪念日 ※2	16 建国纪念日	17	18	19	20	21
22	23 祭祀诸善神	24	25	26	27 女神雅典娜诞辰纪念仪式	28 女神雅典娜诞辰祭祀仪式
29（新月） 冥界诸神供奉日 ※3 女神雅典娜诞辰纪念仪式						

※1 “月诞辰”：无论哪个月都会有月诞辰。

※2 “建国纪念日”：是雅典市的建邦纪念日。

※3 每月最后的 1 ~ 3 天一定是冥界诸神的纪念日。该纪念日也是每月都有的。

二、古希腊人预言的世界末日

我们常常会抱怨，“过去就是好！现在根本没法儿和过去比……”“整个世界变得越来越糟糕……”其实，2800 年前的古希腊人也和我们说过几乎同样的话。

> 如今这个世界，为黑铁种族的时代，这一种族被神赋予了严苛劳作的命运。（赫西俄德《工作与时日》第 174 行。所谓黑铁种族，是次于黄金、白银、青铜、英雄之后的第五种族，远不及前四个种族。）

古希腊人认为整个地球①正逐渐衰退并走向灭亡。

之所以会这样是因为，与过去相比人类就连身高都缩短了，体质更是明显低下。

古希腊男性平均身高为 165 厘米，虽然只比现代人矮了一点儿，但却无法和过去伟大的英雄们相比。曾经那些伟大的（希腊神话中的）英雄们，各个身强力壮，无人能敌。正像《伊利亚特》所说：“现在的人们，即使两人一起费尽力气也搬不动的巨石，大英雄狄俄墨得斯一个人就能轻松拿起。”（《伊利亚特》第

---

① 古希腊人于公元前 5 世纪便得知人类生活在球体之上。公元前 3 世纪已能基本准确估算出地球的周长。多数人认为，最初发现地球为圆形的是古希腊天文学家毕达哥拉斯。同时，他也是位著名的数学家，我们熟悉的数学课本中的勾股定律的发现者正是毕达哥拉斯。

五歌 305 行）

英雄珀尔修斯的拖鞋和勇士赫拉克勒斯的脚印，这些当时留下的东西，能够帮我们推测出他们脚的尺寸，据说竟有 2 佩巨斯[①]（90 多厘米）之大（希罗多德《历史》第 2 卷 91 节、第 4 卷 82 节）。按照现在男性平均脚长 27 厘米来推算，大英雄们的身高可能足有 5 米。

因此，古希腊人认为，世界正在逐渐衰退，人类的身体也渐渐缩小，体质也变得越来越差。

那么他们眼中的“末日”究竟是什么样的？地球彻底衰亡时又会发生什么呢？

说起我们印象中的“世界末日”，要么是大块儿陨石从天而降，冰河时期突然到来，或者其他无法躲避的天崩地裂。要么是由于人类技术进步造成的自我毁灭，例如大规模核武器战争导致整个人类化为灰烬。我们印象中的世界末日无非就是这其中一种，但古希腊人眼中的“末日”却是这样：

父子之间，不能心灵相通；主客不能以礼相待；朋友之间不能友好相处；兄弟之间不能相亲相爱；父母上了年纪，却遭孩子们冷落，且常常恶语相向；不报答父母的养育之恩，还愚蠢地认为，力量就是正义，

① 1 佩巨斯约等于 47 厘米。

甚至因此互相侵占领地。丧失“知耻”的美德。陪伴
人类的只剩无尽悲惨的痛苦，丧失防御灾难的能力。[①]

——是的，对古希腊人而言，毁灭的日子，并不是由自然灾害或技术进步造成，而是源自人类内心道德底线的崩塌。

三、战争是季节限定的惯例

战争究竟是什么？在我们现代人看来：“战争会带来死亡，会让很多人失去生命，并且没人知道战争何时才能结束，带给人类悲惨无比的结果。”

但古希腊人认为，城邦间的战争就像只有夏天才会上演的花火大会，是每年的固定节目。夏季为农闲期[②]，人们有了充足的空闲时间，储备的粮食也逐渐减少，“好吧，让我们和邻邦打一仗，抢一些粮食回来！”这样说着，便开始了一场战争。所以古希腊人只在夏天打仗。最长纪录是斯巴达的那次为期40多天的战争。

夏天打响的粮食争夺战，持续到了秋天，战场上的古希腊人突然意识到已是丰收的季节：“哎呀，地里的葡萄熟了，得赶回去摘葡萄了！”“明年再打。”就这样一场战争匆匆结束，战场上的死伤者更是不足一成。因为人们觉得，为了抢口饭吃，

① 赫西俄德《工作与时日》。截取自第181行部分意译。

② 无论是拥有奴隶劳作的富有市民，还是需要自己农耕的贫困阶层，希腊人大多以农业为生。因此一切活动都围绕农业进行。

却要搭上性命，这简直是本末倒置。①

就这样古希腊城邦之间每年都会发生战争，甚至也有外来国家的进攻，例如著名的希波战争。公元前 5 世纪，波斯帝国进攻希腊，结果以希腊各个城邦联手取得胜利告终。

人们往往认为，这场联合战役，是希腊各个城邦团结一致齐心协力的结果。但事实上，真正与波斯作战的只是希腊 700 多座城邦中的 31 座②，仅为总数的 4%。并且，追随波斯而去的希腊人远远超过了与波斯抗争的队伍。

四、有众神无宗教的古希腊

有时，西方人会这样评价日本人："日本人绝对比我们更像古希腊人，新年和'七五三（儿童祈福）'节庆日会去神社，结婚典礼却在教堂举行，葬礼则会去寺庙。"古希腊人也一样，出生时去拜保佑平安生产的女神阿耳忒弥斯，结婚时祭拜婚姻

---

① 古希腊战争有着如下严格的规定：

1. 禁止偷袭或没有宣战的战争。
2. 禁止夜晚进攻或在战斗期（夏季）以外时间作战。
3. 追击战败方的时间及场所均有严格限制。
4. 两军交战不伤来使。
5. 禁止攻占宗教场所（神庙、祭坛等）。
6. 禁止使用远射武器（如弓箭、投石等）。

② 这 31 座希腊城邦，多数并非为了自由而战。只因之前与自己敌对的邻邦加入了波斯战队，它们才主动联手作战。例如，福基斯因为邻邦塞萨利加入了波斯战队，为了打压塞萨利才想到与其作战。同样阿尔戈斯人也是因为死对头斯巴达人加入希腊战队，才毫不犹豫地投敌波斯。

女神赫拉，葬礼上则供奉冥神哈得斯。

多数日本人认为“自己并没有信奉什么宗教”，或者说“并没有那么深信宗教”。

这一想法本身就与古希腊人非常相似。

首先，古希腊语中并没有“宗教”一词[①]。对他们而言，祈求朝拜众神只是从父辈那里继承的“习惯”而已。

古希腊人认为比起信仰之心，实践（仪式）更重要。但是即便人们心中念念不忘自己崇拜的神，但只要没有履行正确的参拜仪式，神灵是不会显灵的。

接下来，就为大家介绍古希腊正确的祈祷方式。

正确参拜仪式：

1. 选择合适自己的神。神也有各自擅长的领域，依照自己最需解决的难题选择神，或是选择最可能对自己较有好感的神。如求健康就要去朝拜医神阿斯克勒庇俄斯。

2. 用水清洁身体，用硫黄清洁祭坛。

3. 直立不动，高举右手。[②]

4. 必须大声呼唤祈求的神。就像：“哦！阿波罗殿下！”因为心里默念是无法传达到神那里的。

5. 在呼唤神时，要用自己的故事打动神。

---

① 英语中的“religion”（宗教）一词，源自拉丁语“religio”（再次连接）。日语中“宗教”一词源自英语“religion”的译语，从19世纪开始固定使用。

② 在古希腊“下跪”是召唤冥界之神或魔法师、巫师们的惯用动作。

强调自己与神的交情（如，我的祖先某某人曾被您深爱过，等等）。

强调自己曾经为神做过哪些（如，我是去年曾向您供奉过大量祭品的人，您还记得吗？等等）。

6. 告诉神你希望他具体做些什么。

7. 之后，在祭坛摆放供品[①]（一般都是献上酒或食物，最具威力的祭品是动物的鲜血）。

8. 如果当场无法准备供品，就要与神约好还愿时一定会献上某某物品。

履行完这些手续，若是与神心灵相通，便会得到他的帮助实现愿望（希腊众神往往都很任性）。古希腊的宗教与其说是信奉，倒不如说更注重仪式。

---

① 建于锡拉库萨的两层祭坛。这里曾经举行过著名的百牛大祭（以大量的牛为供品朝拜众神），将牛群赶至面前的祭台之上，焚烧解剖后的牛内脏，用燃烧的烟尘在祭坛二层祭祀神，人们则在一层享用焚烧后的牛肉。祭祀天上众神时，高筑祭坛焚烟烧肉。祭祀地下众神时则使用较低的祭坛或是洞穴，祭拜亡故的英雄们也是如此，因为人们认为英雄死后也是去往地下。并且，祭祀天神的祭品人们必须吃掉，而祭祀地下众神的祭品则禁止食用。

专栏 8

古希腊梦的占卜

为神灵举办大型的祭祀活动，或是去阿波罗的神谕所聆听预言，除此之外，古希腊人还信奉个人占卜①。其中最具代表性的当属梦的占卜。他们认为梦境是来自神的告诫以及对未来的启示。为了正确解读梦境的含义，甚至有“占梦师”这一职业的存在。

在那个“梦”比现代更具有神奇的力量时代，人们会有怎样的梦境，这些梦又是如何暗示未来的呢？接下来我们一同来看看这其中一部分②古希腊人的梦境。

---

① 古希腊除了梦的占卜还有许多不同形式的占卜，星象占卜、鸟占卜、水占卜、镜子占卜、赃物占卜、死者占卜、面相占卜、体型占卜、奶酪占卜，等等。

② 以下梦境均出自公元前 2 世纪后期的《释梦》（阿尔特米多鲁斯著）一书。

梦见剪头发

梦见自己去理发店剪头发，无论对谁来说都是吉兆。因为“理发”（KAPHNAI）一词对应的另一个意思是“欢喜”（XAPHNAI）。而且凡是去理发店理发的人，都是有时间关注自己仪容仪表的人，这暗示着他们的生活状态多与悲惨、苦难毫无关联。

相反，如果梦到自己剪头发，那就是凶兆。预示将有突如其来的困境，迫使自己陷入就连理发店都没空去的悲惨境地。

现如今，去美容院或理发店剪头发，在某种程度上，确实可以说没有足够的时间和从容的心情，是无法实现的。古希腊梦的占卜多是这样，具有充足的依据或理由并符合一定道理。最大的特征就是，根据做梦人的健康状况、职业、性别等信息的不同，梦的含义也会完全不同。

梦见被雷击中①

穷人梦见遭雷劈预示大吉，对有钱人而言则是凶兆。因为被雷击中的人，瞬间会成为与现状完全不同的样子，穷人会变成有钱人，有钱人则与之相反成为穷光蛋。

未婚男性无论是否富有，只要梦到遭雷劈就意味着婚期将近。因为没有什么比火和女人更能让身体发热的东西。但如果是已婚人士梦见遭雷劈，则预示着离婚，或是和朋友、兄弟意见不合，成为敌对关系，因为雷电有预示折散、分离的含义。

正因为梦境会因人们的职业、健康状况不同，有着完全不同的解释，所以人们接受专业的“占梦师”的存在。

古希腊梦的解析不但会解释和现代人相似的梦境，如梦见自己在飞翔、拔牙、死亡，或是和性有关的梦，也会有一些现代解梦辞典中不曾出现的古希腊人专属梦境。

此外，还有关于屁股会讲话的梦、蚂蚁钻进耳朵的梦，等

① 此外还有如下这些梦的占卜。梦见身着白衣，对奴隶来说洁净的白色衣服象征救赎，是吉兆。但对手艺人来说却暗示即将失业。因为没有人会在干手艺活时身穿白色衣服。对病人来说，这则是死亡的象征，因为古希腊人有为死者裹上白布的习惯。反之，病人梦到身着黑色衣服，则预示着即将痊愈。因为只有去悼念死者的活人才会身着黑色衣服。

等各种详细的解梦大全，古希腊人认为梦境是非常重要的预兆，甚至认为梦里出现的神能够治好现实中的病痛。有关此话题，笔者将在后文中为大家详细介绍。

第三节

爱与病　死亡与永恒

一、古希腊的爱

大多数古希腊人认为，爱情与性别无关，在古希腊双性恋者非常普遍。如此盛行同性恋的原因虽尚不明确。但在女性地位低下的古希腊社会，甚至有人认为：“对等的真爱只可能存在于男性之间，比起异性之间的爱情，同性之间的爱更加高尚。”当然，古希腊人也有完全不接受同性恋，甚至指责这一行为的人。

和同性恋不同，异性之间有着“婚姻”制度。

古希腊妻子几乎见不到除丈夫以外的男人。当男人们整日在外与人攀谈、讨论或是参加政治活动时，妻子们甚至连家门都不出。人们认为，女性就应当谨慎地待在家里，不应该让男性看到自己的容貌[①]。古希腊是以男性为中心的世界，在现代的我们看来，女性受到了极大的压抑。

在古希腊，女孩子 15 岁前后还是懵懂的年纪，就要嫁给和

---

① 凡不是本城市民（外国人或奴隶）均不适用。她们多为娼妓或产婆，依靠这些特殊的技能，工作赚钱养活自己，在某种程度上要比那些具有市民身份的女性更加自由。

自己父亲差不多年纪的男人，其中许多人甚至因为年纪太小在妊娠或生产时死去。

总之，生育是古希腊女性的使命。[①]

另一方面，古希腊虽是一夫一妻制，但只要男人们承诺“能为自己繁衍后代的女性只有妻子一人”，就可以安然享受不受约束的生活，即便是和其他女性发生关系，或是嫖娼，再或是与男性相恋，都不会受到任何谴责。

男人们甚至会这样说：“妓女供我们玩乐，小妾伴我们左右，忠实的妻子，可以为我们守家护院生孩子。”

也有人从女性过低的社会地位给予这样的评价：“古希腊之所以没有男女对等的恋爱关系，那是因为女性的使命只是繁衍后代[②]，所以夫妻间并没有爱情。”

那么女性又是如何看待自己的境遇呢？我们无从知道他们是否爱自己的丈夫，因为所有留存的，有关古希腊的证言全都出自男性之手，只能看到男人们的观点。但这当中，那位有名的将军地米斯托克利[③]，却曾这样讲过：

希腊最强大的男人是我吗？并非如此，那是我的儿

① 在古希腊不愿结婚的女性也是有路可投的。例如，在阿尔戈斯，不愿结婚的女性可以成为巫女，有像阿波罗神庙这类避难所为她们提供栖身之处。

② 加之，如果与人结婚之后再次成为单身的女性，在法律上与丈夫解除婚约之后，必须嫁给除父亲以外的最近的近亲（男性则有拒绝的权利，如果遭到第一近亲的拒绝，再婚的权利则被移交至次近亲）。也就是说，古希腊女性在婚姻上丝毫没有表达自己意愿的权利。

③ 电影《300 勇士：帝国崛起》中的主角，希波战争的胜利者。

子。的确，雅典人能够指挥整个希腊，而我能指挥所有雅典人，但对我下指令的，却是我的老婆。我老婆又对儿子唯命是从，所以我的儿子才是整个希腊最强大的人。

（普鲁塔克《地米斯托克利生平》第 18 节第 15 行以后）

从这个小故事，我们多少能看出在地米斯托克利的家里，他或多或少会接受妻子的建议。

二、能够治病的梦境

在第二章我们曾提到过凡间女子科洛尼斯，她因背叛阿波罗在即将临盆时惨遭杀害，后来阿波罗救出了她腹中的孩子。那个被救出的孩子，长大后成为世人健康的守护者，即古希腊医神阿斯克勒庇俄斯[①]。

父亲阿波罗和儿子阿斯克勒庇俄斯两位医神拥有众多信徒，人们深信如果能在他们的圣地，朝拜这两位医神便可百病痊愈。这一圣地就是著名的“埃皮扎夫罗斯医疗圣域[②]”，如

---

① 相传阿斯克勒庇俄斯是大名鼎鼎的医神，不仅能治愈所有疾病，甚至能够起死回生。因激怒了守护世界秩序的主神宙斯和冥界死神哈得斯，惨遭雷击而死（他的母亲为凡人，因此他并非完全的神，无法永生）。

因儿子被杀怒不可遏的阿波罗却被宙斯以恶意谋反定罪。然而阿斯克勒庇俄斯的功绩最终还是得到了认可，授予他天界医神神位。

② 埃皮扎夫罗斯的阿斯克勒庇俄斯神庙如今已化为瓦砾，但仍以巨大的埃皮扎夫罗斯剧场举世闻名。

今仍现存于世，是希腊的世界遗产之一。

那么古希腊医神究竟是如何为人们治病的呢？我们可以从现存的石碑铭文中略知一二，在埃皮扎夫罗斯医疗圣域，如今仍矗立着两块写有“阿波罗与阿斯克勒庇俄斯治愈集”的石碑，让我们试着从其中一块石碑的碑文入手，解读古希腊疾病与医疗的秘籍。

“伟大的神灵、感谢您的恩赐[①]”

“阿波罗与阿斯克勒庇俄斯治愈集”

在这块石碑上刻有阿波罗与阿斯克勒庇俄斯为20位不同患者治愈疾病的记录。由于碑文内容过于冗长，我们把它归纳为以下20条。

图为权杖上缠有巨蟒、手持权杖的阿斯克勒庇俄斯

① 这句话是古希腊公共石碑碑文文头固定语式。

1. 治愈怀孕五年无法生育的女性。

2. 治愈怀孕三年无法生育的女性。

3. 治愈手指无法活动的男性。

4. 治愈一只眼睛失明的女性。

5. 治愈无法发声的少年。

6. 治愈额头受伤的男性。

7. 惩罚侵占他人医药费的男患者。

8. 免费为被落石砸中的少年医治。

9. 为只有一只眼睛的男性再造眼球。

10. 复原破碎的杯子。

11. 惩罚窥视医神诊疗室的男子，使其失明。

12. 治愈被长枪刺穿下颚的男性。

13. 为不慎喝下其继母投毒(水蛭)饮料的男子取出胃中水蛭。

14. 治愈患有尿道结石的男性。

15. 治愈腿有残疾的男性。

16. 治愈腿有残疾的男性。（2）

17. 治愈脚趾受伤的男性。

18. 治愈眼睛看不见的男性。

19. 治愈谢顶的男性。①

20. 治愈失明的少年。

以上这 20 种医神治愈的疾病，多为不孕症、因战争负伤或

---

① 碑文中写有“秃顶会遭到众人的嘲笑”，由此可见谢顶在当时并不是什么好看的外观。

是天生残疾[1]。其中最引人注意的莫过于第10个“复原破碎的杯子”，人们甚至会质疑：“这难道也算医术？”还有，第19个“治愈谢顶的男性”，人们看到这里大多会为古希腊人独特的病征解读而感叹：“在古希腊谢顶也算病啊！”

接下来我们就摘出其中一个病例为大家详细解释。

【治愈怀孕三年无法生育的女性】（意译）

一位女子因患有不孕症前来圣域求医。她在神庙里梦见医神阿斯克勒庇俄斯就站在自己身旁，赶忙祈求道：“伟大的神啊，求您赐我个孩子吧，最好是女孩儿。”医神爽快地应道：“知道了，知道了。你想怀个女孩子是吧，还有别的愿望吗？”女子答道：“没有其他愿望了。”没过多久这名女子就怀孕了，但不知为何她怀胎三年也没有生产，一筹莫展的她再次来到医神圣域，恳求神灵：“伟大的神啊，您虽然赐予我孩子，但为何三年时间我都无法生育呢？”阿斯克勒庇俄斯再次出现在她的梦里，并答道：“不是你说，除了希望怀孕之外，再无别的祈求吗？”女子连忙答道：“神啊，是我的错，我想怀孕并且顺利生出孩子。”医神答道：“一开始不说清楚自己的愿望，我怎么能知道你还要生出来啊！”于是这名女子再次虔诚地向神灵祈求，“希望自己能怀孕，并顺利生下孩子。”当她醒来走出神庙，便顺利产下一名女婴。

“你又没说要生出来，我怎么知道啊！”神灵竟如此回答，

① 性命攸关的紧急患者一般不会赶来医治。这里虽是医疗神域，但并不是医院（古希腊并没有医院）。

真不知该说这是随机应变，还是像传统相声里的幽默包袱。要搁现在怕是早就被吊销执照、定为庸医了。这一诊疗过程告诉我们，即便面对神灵，如果不能准确说出自己的诉求，多会无法与其互通。

通过石碑铭文的两例治疗案例，细心的朋友可能已经发现了一个有趣的现象，那就是，在阿斯克勒庇俄斯的治病过程中完全摒弃了外科治疗手段。只要睡一觉就能治病！这一古希腊医神治病规律，不仅仅适用于上述这条病例，也是几乎所有治疗病例的共通之处。第 9 例，为一只眼睛的男子再造眼球，也是在梦中完成，梦里神灵仅在男子眼窝中滴入药水，就完成了眼球再造。同样，第 14 例，那位患有尿道结石的男性，也是在睡梦中治愈的。

在梦境中治愈疾病，完整体现了这一圣域神庙的整个体系。前来治病的人们在一个叫作“共同寝室（阿巴顿圣廊）”[①] 的地方过夜，在睡梦中等待神的启示。

到了白天，病人们在这里接受“凡间医生”的诊断，并从医生那儿领取处方或接受外科手术治疗，二者合称为“医神之治”。为表示感谢，痊愈的患者（即便他们的痊愈也可能是现实医生的功劳）会为他们崇拜的阿斯克勒庇俄斯和阿波罗献上供品[②]。古希腊医疗采取的就是这样一种将宗教性（心理性）治疗和医学治疗合二为一的治疗方式。

---

① “共同寝室”即为阿巴顿圣廊。患者在此进入梦乡等待神的启示。

② 阿斯克勒庇俄斯与阿波罗虽同为医神，但阿斯克勒庇俄斯多治愈个人患者，若遇到殃及国家的疾病（传染病）则只有阿波罗才能治愈。

三、“对人类而言最大的幸福莫过于……”

阿波罗与阿斯克勒庇俄斯的医神圣域迎来了空前的繁荣，然而在诊疗及医术发达的古希腊,人们并没有建立良好的“卫生”观念。所以疟疾或结核这类传染疾病成为当时人们最大的死因。没人明白究竟是什么造成了疫病的传播，人们只是一味地相信这都是瘟疫之神带来的灾难。

如此可怕的瘟疫之神究竟是何方神圣？正如本书第二章提到过的，这位瘟疫之神，正是阿斯克勒庇俄斯的父亲，那位在这块圣域与他一同接受众人朝拜的医神阿波罗。

在古希腊人们用“被阿波罗之箭射中”[①]来形容“突然死去的人”，所以除了疫病，突发的死亡也多是阿波罗所赐。如此说来，医神岂不成了兼顾瘟疫之神与死神职能的恐怖存在。然而身兼数职的阿波罗本人却是这样解释：

“对人类来说，最大的幸福莫过于死亡。所以人们应该心怀感激，接受我的处死。”

如果哪位神医这样说，怕是没人愿意找他看病了。事实上古希腊人远比现代人接近死亡，当时人们的平均死亡年龄为：男性 44 岁，女性 35 岁。医神阿波罗虽如此定义死亡，但这恰好正是古希腊人生死观的体现。

---

① 若是女性突发死亡，则被称为“被阿耳忒弥斯之箭射中”。阿耳忒弥斯是阿波罗的妹妹。

雅典男女平均年龄

	男 性	女 性
结婚年龄	27~34 岁	13~18 岁
死亡年龄	44 岁	35 岁

※ 不同研究人员对古希腊人平均死亡年龄的认定各不相同，因此无法准确得知当时人们的死亡年龄，男性寿命普遍比女性长 10 岁左右。人们认为儿童死亡率居高不下是造成男女平均寿命偏低的主要原因。

“人类即便握住了瞬间的幸运，也会因神的意旨立刻坠入尘埃。可悲的人们啊，你们究竟是谁？或许谁都不是，一生不过是转瞬即逝的梦境。”①

四、从鸣蝉看古希腊与日本

说到蝉，古希腊与日本对蝉的认识大有不同。在日本人眼中生命短暂的夏蝉代表着“转瞬即逝、变化无常”。而古希腊人却将蝉看作夏天复苏的生命，赋予它“永恒”的含义。在古希腊蝉确实是复活与不死的象征。

顺便说一句，在古希腊人们还把蝉作为一道美食享用。哲学家亚里士多德曾经说过：“蝉，要数成虫之前或是怀有幼虫的母蝉口味最佳。”②

---

① 品达罗斯《皮托竞技胜利者颂》第 8 首。

② 亚里士多德 VS 法布尔“蝉是否美味”的争论。著有《昆虫记》一书的 19 世纪昆虫学家法布尔，为了证明亚里士多德如上所说，曾用橄榄油烹炒蝉试食。之后他表示，蝉并不像亚里士多德所说的那么美味，甚至质疑亚里士多德是否真正品尝过蝉的味道。（亚里士多德《动物志》、法布尔《昆虫记》）

19世纪出生于希腊，久居日本的民俗学家小泉八云也曾这样说：“世界上唯有古希腊人和日本人认为蝉的鸣叫不是噪音，并且把它当成一种美去感受。”

蝉声似幽静、却可穿岩石。（松尾芭蕉）

夏蝉轰鸣似瀑布落石、无限思乡情。①（《万叶集》大石蓑麻吕）

无论是松尾芭蕉的俳句，还是著名的《万叶集》都将“蝉声如雨”看作一种意味深长的雅趣。与此相对，古希腊人如此描写蝉的鸣叫：

（蝉唱给蝈蝈的歌）②

蝈蝈妹子呀！快来安抚我激动的心情吧，能让我打个盹儿的好姑娘。你就是那羽翼轻盈的田园诗女神（缪斯）……

请为我编制爱的歌曲吧！

我将献上为你准备的礼物，先尝尝绿油油的嫩草，再品一滴我口中的晨露。

（蝈蝈唱给蝉的歌）

① 蝉的叫声犹如高高落下的瀑布拍打岩石发出的巨响，那声音引来我对故乡的思念之情。

② 在古希腊语中蝉属于男性名词，蝈蝈属于女性名词。即这是蝉在向蝈蝈求爱的诗歌。

嘹亮歌唱的蝉啊，为一滴朝露而沉醉的蝉啊！

你锯齿般的腿爬上高高的树枝，用晒得发黑的身体在上面演奏竖琴般美妙的乐曲。不过，朋友呀！还是快去向森林的水泽女神歌唱吧。

我已成功逃离爱神[①]，现在只想和睡眠之神一起午睡，倚着梧桐树的影子。（摘自麦莱阿格罗斯的诗）

诗中人们用竖琴般美妙的乐曲形容蝉的鸣叫，由此可见古希腊人对蝉的描写也是略带雅趣。

接下来，带大家领略日本俳人对蝉那转瞬即逝生命的感叹。

命将矣，无尽景色终不见，蝉之鸣。（松尾芭蕉）

秋已迟暮，鸣蜩（蝉）之命。[②]（与谢芜村）

与日本人不同，古希腊人认为蝉代表永恒，他们这样感叹蝉的不朽。

鸣蝉啊，你是多么幸福！

停在树梢，饮些许露珠便可过活，像国王一般高声歌唱。

你从不去掠夺别人的东西，为众人喜爱，

① 很遗憾，蝉已被蝈蝈拒绝。
② “秋日如同蝉的命运终将结束”，诗中也隐喻了诗人对自己人生的惆怅。

要将现代书籍翻译为古希腊语，会遇到重重困难阻碍。首先，人名的翻译就是个难题，古希腊语语法限定[①]，所有男性名字都要以字母 S、R 或 N 结尾。（古希腊所有男神、男子的名字几乎都以这三个字母中的任意一个结尾。）

为了解决这一难题，主人公哈利·波特（Harry Potter）的名字被改为哈利斯·波特尔。“哈利斯”意为“战神阿瑞斯之子”，“波特尔”意为“圣杯”，这出自“波特”的英语意思“制陶工人”。

同样书中的另一主角德拉科·马尔福（Draco Malfoy）被翻译为德拉科恩·马尔福斯（“马尔福斯”意为“胆小、怯懦”）。

斯内普（Snape）教授则被翻译为斯内普斯教授（在古希腊语中意为“辛辣男”，之所以叫这个名字源自他对待哈利·波特严厉的态度）。

克服了书中人名的壁垒，接下来更有难度的就是小说里各类现代物品的翻译，例如汽车、摩托车、特快火车、领带……

在哈利请求父亲送他去魔法学校这一情节里，那句：“您能开车送我去吗？”被翻译成了：“您能让自动运转的马拉战车送我去吗？”

同样，摩托车被翻译为“自动前进的两轮车”，火车被翻

---

① 古希腊语固有名字也有词形变化。例如赫尔墨斯一词的语尾会有如下不同的形式：Hermes（主语赫尔墨斯）、Hermou（所属赫尔墨斯的）、Hermei（给赫尔墨斯）、Hermen（将赫尔墨斯），如此表示词尾的变化。

译成“高速前进的神器”，飞机则被翻译成“在空中飞行的船”。

古希腊语《哈利·波特》甚至让人觉得，比起小说中的魔法世界，古希腊语版的现实世界更是充满了各种魔法词汇。

这一版《哈利·波特》不仅让人体会到了现代与古希腊在生活方式上的差异，还创造出众多从未有过的概念和物品。人们不禁感叹：“原来还能这样翻译！①”译者的精彩诠释，让人们感受到了别具风味的古希腊《哈利·波特》。

无论您是对古希腊语感兴趣的人，还是想要一品其别样风采的古希腊语的学者，甚至是全世界70亿分之0的母语者。欢迎您和哈利·波特一起，在九又四分之三站台，乘坐开往霍尔沃兹魔法学院的列车，让我们一同走进古希腊版《哈利·波特与魔法石》的世界。

① 据说当时的译者，曾因“报纸”一词的翻译困惑不已，因为古希腊并没有这一概念，译者最终只得将报纸翻译为每天早晨递送的写有信息的纸卷。

参考文献

下列文献既是本书的主要参考资料，也是了解古希腊历史的经典之作，尤其是带★的文献。希望这些文献能帮助大家畅游于古希腊历史的海洋。

◆辞典、事典类

· *Lexicon Iconographicum Mythologiae Classicae*, (Artemis & Winkler Verlag 1981–2009).

古代神话图像辞典。共由十卷构成，书中收录了古代希腊神话人物陶绘图片。通过图片介绍古希腊人眼中的神话人物及其含义，是同类配图书籍中少有的经典之作。该书由多个国家的学者共同编写，有英语、德语、法语、意大利语等多语种条目，仅书中配图就具有很强的观赏性。

· *The Oxford Classical Dictionary*, 3rd edn., ed. S. Hornblower and A. Spawforth (Oxford University Press, 1996).

牛津古典学大辞典。该辞典网罗了古希腊和古罗马人的日常生活、宗教、地理、神话人物等众多内容，是现今最全的古希腊历史辞书，也了解古希腊历史的首选书籍。

· *The Oxford Dictionary of Classical Myth and Religion,* ed. S. Price and E. Kearns (Oxford University Press, 2004).

牛津古典神话、宗教辞典。是上列辞典的神话、宗教版。

·*Brill's New Pauly Encyclopedia Of The Ancient World*, ed. H Cancik and H. Schneider (Brill Academic Pub, 2002 and 2014).

关于古代的百科事典，插图丰富。

·『ギリシア・ローマ神話辞典』　高津春繁　岩波書店　1960 年

该书为日本国内查询希腊神话人名、神名、地名常用书籍之一。曾一度绝版，2014 年再版，目前较容易购买。

◆原始资料（古代书籍）

此处只记载翻译为日语的参考资料。古希腊语、拉丁语、英文等的参考文献多数可通过网页免费查看。（在 Perseus Digital Library 可用原文或英文查看除石碑铭文外的所有文献。http://www.perseus.tufts.edu/）

公元前 8 世纪至前 7 世纪（上古时期著作）

·『イリアス』　ホメロス著　松平千秋訳　岩波書店　1992 年

·『オデュッセイア』　ホメロス著　松平千秋訳　岩波書店　1994 年

·『仕事と日』　ヘーシオドス著　松平千秋訳　岩波書店　1986 年

·『神統記』　ヘシオドス著　廣川洋一訳　岩波書店　1984 年

★『ホメーロスの諸神讃歌』　ホメーロス著　沓掛良彦訳　筑摩書房　2004 年

公元前 7 世纪至前 1 世纪由荷马撰写的颂歌集。笔者引用的版本还收录了沓掛先生精彩、详细的注释和解说。

公元前 6 世纪至前 4 世纪（古典时期著作）

·『歴史』　ヘロドトス著　松平千秋訳　岩波書店　1972 年

·『戦史』　トゥーキュディデース著　久保正彰訳　1966 年

·『祝勝歌集 / 断片選』　ピンダロス著　内田次信訳　京都大学学術出版会　2001 年

·『ギリシア悲劇全集』　久保正彰、松平千秋、西村太良ほか訳　岩波書店　1990 ~ 1992 年

·『ギリシア喜劇全集』　中務哲郎、久保田忠利編　2008 ~ 2011 年

·『動物誌』　アリストテレース著　島崎三郎訳　岩波書店　1998 年

★『イソップ寓話集』　イソップ著　中務哲郎訳　岩波文庫　1999 年

书中收录的故事，其实是不同时代以“伊索寓言风格”所写的寓言故事。

公元前 3 世纪至 6 世纪（希腊文明时期至罗马时代著作）

★『牧歌』　テオクリトス著　古沢ゆう子訳　京都大学学術出版会

2004 年

·『ギリシア神話』　アポロドーロス著　高津春繁訳　岩波書店　1994 年

·『アエネーイス』　ウェルギリウス著　泉井久之助訳　岩波書店　1976 年

★『変身物語』　オウィディウス著　中村善也訳　岩波書店　1981 年

奥维德独到的写作手法使得《变形记》成为现代人了解希腊神话的入门书。

·『祭暦』　オウィディウス著　高橋宏幸訳　国文社　1994 年

·『メタモルフォーシス　ギリシア変身物語集』　アントーニーヌス・リーベラーリス著　安村典子訳　講談社　2006 年

·『ギリシア・ローマ世界地誌』　ストラボン著　飯尾都人訳　龍渓書舎　1994 年

·『神代地誌』　ディオドロス著　飯尾都人訳　龍渓書舎　1999 年

·『ギリシア記』　パウサニアス著　飯尾都人訳　龍渓書舎　1991 年

·『ギリシア案内記』　パウサニアス著　馬場恵二訳　岩波書店　1992 年

公元 2 世纪的希腊旅游手册

·『ギリシャ神話集』　ヒュギーヌス著　松田治、青山照男訳　講談社　2005 年

·『夢判断の書』　アルテミドロス著　城江良和訳　国文社　1994 年

◆现代文献

· *The Greek myths*, Combine edn., R. Graves (Penguin Books, 1992).

这是一本关于希腊神话的名著。书中有许多作者的个人见解，虽然也因此遭到了批判，但其详尽的出处、富有诗意的表达均是同类作品所无法企及的。该书的日语版已在日本发行（高杉一郎译，纪伊国屋书店 1998 年版），但未收录出处部分。

· *Daily Life of the Ancient Greeks*, R. Garland (Greenwood Press, 1998).

一本记录古希腊人日常生活的书。全书分门别类进行叙述，便于阅读，有许多有趣的杂学知识。

·*The Delphic Oracle : Its Responses and Operations*, J. Fontenrose(University of California Press, 1978).

该书以列表形式，记载了预言之神阿波罗在德尔斐神庙为人们开示的所有现存预言。

· *Greek & Roman Calendars: Constructions of Time in the Classical World*, R. Hannah, (Bristol Classical Press, 2005)

· *Greek and Roman Festivals: Content, Meaning, and Practice*, ed. J.R.Brandt, J.W. Iddeng (Oxford University Press, 2012).

· *Greek Historical Inscriptions*: *404–323 BC*, ed. P. J. Rhodes and R. Osborne (Oxford University Press, 2007).

· *Tradition and Innovation in Hellenistic Poetry*, M. Fantuzzi and R. Hunter (Cambridge University Press (2005).

· *Graffiti and Dipinti (Athenian Agora: Results of Excavations Conducted by the American School of Classical Studies),* M.Lang, (American School of Classical, 1976).

古希腊人涂鸦集。古代雅典广场出土的文物中刻有古希腊人的爱语和咒语。

· *Greek Religion*: *Archaic and Classical*, W. Burkert, trans. J. Raffan, (Wiley–Blackwell, 1991).

·『古代ギリシアの同性愛』　K・ドーヴァー著　中務哲郎、下田立行訳　青土社　2007 年

·『古代ギリシア人―自己と他者の肖像』　P・カートリッジ著　橋場弦訳　白水社　2001 年

·『古代ギリシア　11 の都市が語る歴史』　P・カートリッジ著　橋場弦監修　新井雅代訳　白水社　2011 年

·『ギリシアの古代―歴史はどのように創られるか？』　R・オズボン著　佐藤昇訳　刀水書房　2011 年

★『ギリシア史 (新版 世界各国史)』　桜井万里子編　山川出版社　2005 年

该书是一部教科书式的希腊通史，是了解希腊这一国家整体风貌及历史的首选书籍。

·『ギリシア神話』　呉茂一著　新潮社　1994 年

·『愛の女神―アプロディテの姿を追って』　J・グリグスン著　榎本武文訳　沓掛良彦訳　書肆風の薔薇　1990 年

★『ギリシア神話―神話・伝承でたどる古代アテナイの歴史』　古川堅治著　彩流社　1999 年

・『愛の諸相―古代ギリシアの愛』　R・フラスリエール著　戸張智雄訳　岩波書店　1984 年

・『図説 古代ギリシアの戦い』　V・D・ハンセン著　遠藤利国訳　東洋書林　2003 年

★『古代ギリシアがんちく図鑑』　芝崎みゆき著バジリコ　2006 年

・『ギリシア人は神話を信じたか―世界を構成する想像力にかんする試論』　P・ヴェーヌ著 大津真作訳　法政大学出版局　1985 年

・『西洋古代史料集』　古山正人、田村孝、ほか訳　東京大学出版会　2002 年

・『西洋古代史研究入門』　伊藤貞夫、本村凌二編　東京大学出版会　1997 年

・『ギリシアを知る事典』　周藤芳幸、村田奈々子著　東京堂出版　2000 年

・『わたしたちのギリシア人』　K・ドーバー著　久保正彰訳　青土社 (1982/04)

★『壷絵が語る古代ギリシア―愛と生、そして死』　古代オリエント博物館　岡山市立オリエント美術館山川出版社 (2000/08)

★『西洋古典こぼればなし』　柳沼重剛著　岩波書店　1995 年

★『語学者の散歩道』　柳沼重剛著　岩波書店　2008 年

上述两册介绍了关于古代希腊和罗马的杂学知识。

・『ディオニューソス—破壊されざる生の根源像』　K・ケレーニイ著　岡田素之訳　白水社　1999年

★『アポローン—ギリシア文学散歩』　斎藤忍随著　岩波書店　1987年

・「法隆寺の『発見』」　井上章一　『人文學報』67号　168–180頁　1990年

・『世界遺産と都市—ヨーロッパの都市・アジアの都市・日本の都市』　奈良大学文学部世界遺産コース編集　風媒社　2001年

・『黒いアテナ—古典文明のアフロ・アジア的ルーツ』　M・バナール著　金井和子訳　藤原書店　2005年

・『ブラック・アテナ—古代ギリシア文明のアフロ・アジア的ルーツ〈1〉古代ギリシアの捏造』　1785–1985　M・バナール著　片岡幸彦訳　新評論　2007年

后记

提到希腊许多人都会说：“蔚蓝的天空、耀眼的大海、洁白的帕特农神庙。”看完这本书，您对希腊的印象是否已经变为：

“古希腊！青铜色的天空、酒红色的大海、色彩艳丽的百宝金库——‘百步殿’。”

原本并没有见过“大海”的古希腊人，却对色彩有着敏锐且不可思议的感知力。帕特农神庙原本并非纯白，古希腊人将它染上了艳丽的颜色。比起“神庙”这里更像一座储存宝物的“金库”。最初它也不叫“帕特农”而被人们称作“百步殿”。——品读了如此“写实的古希腊”您是否改变了以往对它的认识呢？

最初我也是因为迷恋那湛蓝的天空和纯白的神庙才开始了对古希腊的学习。我一路追随蔚蓝与纯白的清爽希腊风，不觉间天空被染成了青铜色，大海也沉淀为紫红色，蓦然回首自己早已站在色彩绚丽的神庙面前。

即便与最初的印象大相径庭，但不知不觉对这世界的迷恋已经深入内心。在下着绿色雨滴的大地上，得以永生的夏蝉在不停地鸣叫。这块土地上的一切都如同生动的希腊神话一般，让人热血沸腾。

虽然人们信奉的众神崇拜和古希腊世界最终还是迎来了终焉的结局，但希腊神话至今仍然强有力地震撼着整个世界。

首次登月成功的宇宙飞船阿波罗 11 号，NASA 权威负责人称："它的命名源自古希腊驾驶战车的太阳神阿波罗。"但在古希腊人眼中，阿波罗既是瘟疫之神，也是敢对人们口出狂言"对人类来说最大的幸福就是死亡"的死神。即便如此他依旧魅力无限，爽朗耀眼的外表下隐藏的黑暗，正如希腊深邃的内涵世界。

不仅是月球，古希腊的酒红色波涛，跨越时间与空间的距离，也涌向了遥远的东方日本。《圣斗士星矢》《美少女战士》……日本从不缺少以古希腊神话为主题的游戏、漫画。

甚至还有始于公元前 776 年的古希腊宙斯祭祀运动"奥林匹亚竞技会"，传承了这一精神的"奥林匹克"运动会，预计

点燃奥运圣火的奥林匹亚赫拉神庙。在此举行的圣火点燃仪式始于近代奥林匹克运动会之后

将于 2020 年在日本东京举行。人们将在奥林匹亚遗迹之一的赫拉神庙前点燃奥运圣火，火炬在整个世界传递，最终抵达日本东京。如此说来古希腊对于如今的我们而言，也是无比真实的存在。

本书呈现的仅是我所挚爱的古希腊世界的一小部分。有些未能阐明的地方，还请诸位看官见谅。书中所描绘的世界，总能掀起我对希腊的无限热情，如您也能有同样的感受，我将不胜荣幸。

2015 年 9 月 10 日

图书在版编目（CIP）数据

古希腊，原来这么有趣 /（日）藤村Sisin著；杨晓钟，魏海燕译. —西安：陕西人民出版社，2022.9
ISBN 978-7-224-14338-6

Ⅰ. ①古… Ⅱ. ①藤… ②杨… ③魏… Ⅲ. ①文化史 —古希腊— 通俗读物 Ⅳ. ①K125-49

中国版本图书馆CIP数据核字（2021）第237801号

著作权合同登记号　图字：25-2022-001

出 品 人：赵小峰
总 策 划：刘景巍
策划编辑：管中洑
责任编辑：管中洑　张阿敏
装帧设计：白明娟

古希腊，原来这么有趣

作　　者　［日］藤村Sisin
译　　者　杨晓钟　魏海燕
出版发行　陕西新华出版传媒集团　陕西人民出版社
（西安市北大街147号　邮编：710003）
印　　刷　陕西龙山海天艺术印务有限公司
开　　本　880毫米 × 1230毫米　1/32
印　　张　7.75
字　　数　120千字
版　　次　2022年9月第1版
印　　次　2022年9月第1次印刷
书　　号　ISBN 978-7-224-14338-6
定　　价　49.00元